LO QUE APRENDÍ DE MI PINGÜINO

TOM MICHELL

Lo que aprendí de mi pingüino

Traducción de
Jofre Homedes Beutnagel

PLAZA JANÉS

Título original: *The Penguin Lessons*
Primera edición: febrero, 2016

© 2015, Tom Michell
Publicado originalmente en lengua inglesa por Penguin Books Ltd
© 2016, Penguin Random House Grupo Editorial, S. A. U.
Travessera de Gràcia, 47-49. 08021 Barcelona
© 2015, Neil Baker, por las ilustraciones
© 2016, Jofre Homedes Beutnagel, por la traducción

El fragmento de la página 240 pertenece a la obra *El señor de los anillos, I*,
traducida por Luis Domènech, Minotauro, 1977.

Printed in Spain – Impreso en España

ISBN: 978-84-01-01696-7
Depósito legal: B-25.966-2015

Compuesto en La Nueva Edimac, S. L.

Impreso en Romanyà Valls, S. A.
Capellades (Barcelona)

L016967

Penguin
Random House
Grupo Editorial

Para W, A, M y C

Índice

América del Sur

Venezuela
Guyana
Surinam
Guayana Francesa
Océano Atlántico
Colombia
Ecuador
Perú
Amazonas
Andes
Brasil
Bolivia
Río Paraná
São Paulo
Océano Pacífico
Paraguay
Chile
Uruguay
Montevideo
Buenos Aires
Punta del Este
Río de la Plata
Argentina
Península Valdés
Patagonia
N
Islas Malvinas
Tierra del Fuego

Prólogo

Si en los años cincuenta, cuando era pequeño, me hubieran dicho que mi vida estaría unida a la de un pingüino, y que juntos nos enfrentaríamos al mundo (al menos por un tiempo), no me habría sorprendido demasiado. Hay que tener en cuenta que mi madre tuvo tres caimanes en nuestra casa de Esher, hasta que se hicieron demasiado grandes y peligrosos para una localidad tan apacible y los cuidadores del zoo de Chessington se los llevaron. Lo de tener caimanes en casa no fue voluntario. Mi madre vivió hasta los dieciséis años en Singapur, y antes del viaje de vuelta a Inglaterra su mejor amiga, en una despedida llena de ternura y lágrimas, le dio tres huevos como recuerdo. Durante el largo viaje, previsiblemente, las crías nacieron en el camarote, y mi madre se las llevó a su casa. Años después, en ciertos momentos de nostalgia, comentaba que quizá nunca le habían regalado un recuerdo tan eficaz como aquel imaginativo obsequio.

Yo de animales, salvajes y domésticos, era buen conocedor. Mi infancia en el campo me había dado una visión realista de la vida. Sabía muy bien lo que les esperaba a los zorros y al ganado.

En cambio solo conocía los animales exóticos por los zoos, y en mi imaginación. En eso bebí de la genialidad de Rudyard Kipling, que más tarde inspiraría a Walt Disney Productions. Me identificaba a fondo con *El libro de la selva* y *Kim*, y con sus descripciones de la vida escolar, idéntica a la mía, a pesar de que hubiera transcurrido más de medio siglo.

Es la pura verdad. Me eduqué con una visión del mundo propia de principios del siglo XX. Como mis padres habían nacido en distintas partes del imperio, tenía tíos y primos por todo el planeta: Australia, Nueva Zelanda, Canadá, Sudáfrica, la India, Ceilán (la actual Sri Lanka), Singapur, Rodesia (Zimbabue), Nyasalandia (Malaui)... Eran sitios que casi tenía la impresión de conocer. Varias veces al año llegaban cartas de esos países (y también, aunque no con la misma frecuencia, sus autores), y mi imaginación de niño se encendía con historias sobre el «África negra» y demás. Mi deseo, sin embargo, era aventurarme por tierras distintas e inexploradas, una verdadera *Terra Incognita*. En América del Sur, que me constase, no había estado ni tenía vínculos ninguno de mis conocidos, así que resolví, antes de haber terminado el colegio, que de mayor sería adonde viajaría. A los doce años me compré un diccionario de español y empecé a aprender frases en secreto. Así, cuando llegara la ocasión, estaría preparado.

Tardó diez años en llegar, y lo hizo en forma de un anuncio en el suplemento de educación del *Times*: «Vacante en Argentina para internado británico». El puesto se adaptaba tan claramente a mis objetivos que media hora después ya había echado mi solicitud al buzón, para que sobrevolase el Atlántico pregonando que no hacía falta que buscasen más. Por lo que a mí respectaba, había empezado el viaje.

Antes de irme, como es natural, me documenté sobre la situación económica y política del país. Un tío que trabajaba en el Foreign Office me dio información confidencial sobre la fragilidad del gobierno peronista argentino. Según nuestros servicios de inteligencia había muchas posibilidades de que las fuerzas armadas orquestasen en breve un nuevo y cruento golpe de Estado. El terrorismo imponía su ley, y los asesinatos y secuestros eran el pan de cada día. Se consideraba que el ejército era el único capaz de velar por el orden. También recibí información económica, esta vez de mi banco de Londres: ¡un caos total, sin paliativos! En resumidas cuentas (decía todo el mundo con algo de paternalismo), ir a Argentina era una idea absurda, que en aquellas circunstancias no se podía barajar, ni se le ocurriría a nadie en su sano juicio. Yo, de más está decirlo, no pedía otra cosa ni necesitaba más ánimos.

Me ofrecieron el puesto de profesor asistente, con participación en las tareas de la residencia, aunque las cláusulas del contrato no eran muy prometedoras. El colegio me pagaría el vuelo de vuelta a condición de que me quedara durante todo un año académico. También me pagaría las cotizaciones para la jubilación, y un sueldo en la moneda del país, equivalente a un poder adquisitivo que el director no pudo aclararme a causa del desbarajuste económico. En todo caso cobraría en consonancia con lo que recibía el resto del personal docente. Durante mi estancia en el internado me pagarían la comida y el alojamiento. Nada más.

Comprobé que mi dinero en el banco alcanzaba para un vuelo de regreso desde Buenos Aires para casos de emergencia. El banco, por su parte, gestionó con una sucursal del Banco de

Londres y América del Sur en Buenos Aires que en caso de necesidad pudieran mandarme dinero desde Londres. De todos modos el dinero no me preocupaba: estaba a punto de saciar el ansia de aventura que había sentido durante mi infancia, y de embarcarme en la búsqueda de mi destino. Que la Fortuna me asignase como amigo y compañero de viajes un pingüino, y que años después aquel pingüino alimentase cuentos que oirían antes de dormir generaciones que aún no habían nacido, era un giro insospechado que quedaba muy lejos, detrás del horizonte occidental.

Juan Salvador fue un pingüino que sedujo e hizo las delicias de todas las personas que lo conocieron en aquellos tiempos de oscuridad y peligro, los de la caída del gobierno peronista entre atentados terroristas y violencia revolucionaria, en una Argentina al borde de la anarquía. Las libertades, oportunidades y actitudes de esa época no se parecían en nada a las de hoy, pero a pesar de todo resultó posible que un viajero joven como yo y el inimitable e indómito Juan Salvador vivieran en feliz armonía después de su rescate en circunstancias dramáticas por un servidor, que lo salvó de sucumbir a las mortales aguas de la costa uruguaya.

1

Rescato un pingüino
En que termina una aventura y da comienzo otra

En la costa de Uruguay, donde confluyen las grandes planicies litorales del Atlántico y la orilla norte del inmenso delta del Río de la Plata, se encuentra la localidad balnearia de Punta del Este, a un centenar de kilómetros al este de la capital, Montevideo, separada por el ancho río de la capital de la República Argentina, Buenos Aires. En los sesenta y setenta Punta del Este fue para los habitantes de estas dos grandes metrópolis su Niza, Cannes o Saint-Tropez, el destino para las vacaciones estivales de la gente bien, que se refugiaba del calor en áticos de lujo y bloques de pisos en primera línea de mar, como es muy posible que sigan haciéndolo, hasta donde yo sé.

De uno de esos pisos tenía yo la llave, gracias a la amabilidad de la familia Bellamy, unos amigos que en aquella época del año, pleno invierno, no lo usaban. Me encontraba en Uruguay después de una increíble estancia en Paraguay, de donde había regresado por las gigantescas cataratas de Iguazú y luego bordeando la costa. Tras varias semanas de fatigas y emociones no pedía nada más que relajarme algunos días en la tranquilidad de Punta del Este en temporada baja.

El último día, por la tarde, volví con la intención de hacer el equipaje y preparar mis pertenencias para salir a primera hora de la mañana. A las doce zarpaba el barco rumbo a la otra orilla del Río de la Plata. Tendría que tomar el «colectivo» de Punta del Este a Montevideo a las seis menos cuarto de la mañana. Los conductores de autobús de la región cargaban sus vehículos de adornos y amuletos, creo yo que para compensar la poca calidad de los neumáticos.

Una vez preparado el equipaje, y con el piso limpio y ordenado, decidí dar un último paseo a la orilla del mar antes de la que sería mi última cena en Punta del Este.

El puerto, que ocupa el lado occidental de la punta homónima, solo tenía capacidad para unas cuantas decenas de barcas de pesca y de recreo, que se mecían suavemente en armonía con los pontones flotantes que permitían a los propietarios acceder a los botes. Es un puerto bien resguardado del mar por el este, pero aquel día apenas brindaba protección contra la brisa del oeste.

Todo eran gritos de gaviotas, chocar de cabos, olor de pescado… Un pequeño remanso de seguridad que gozaba sereno de un luminoso sol de invierno. El azul zafiro del mar y el celeste del cielo realzaban al máximo los vivos colores de las gaviotas, las barcas y las casas, pero lo que me llamó la atención fueron los miles y miles de peces que nadaban en el agua fría y cristalina: bancos de espadines que evolucionaban al unísono tratando de huir de sus depredadores mediante rápidos zigzags por el puerto, o separándose para reunirse al cabo de pocos segundos. Me fascinaban las ondas, chispeantes de luz, que palpitaban en el agua como una aurora boreal cuando se reflejaba el sol en los cuerpos iridiscentes de los peces.

Junto a los antiguos y herrumbrosos surtidores de gasolina, graduados por galones y protegidos por un tejadillo de chapa, una pescadora musculosa sacaba del puerto su sustento con una gran red verde atada a un mango recio de bambú. Llevaba un delantal de cuero y botas de goma, y aunque vi que sus manos estaban desnudas, sonreía satisfecha. Tenía el pelo recogido con un pañuelo marrón y el rostro surcado por profundas arrugas. Al lado de ella había tres toneles de madera casi a rebosar de espadines. Supuse que era el motivo de su cara de satisfacción. Con el agua hasta el tobillo, rodeada de peces de franjas plateadas, echaba la red y la sacaba llena casi cada minuto, para disgusto de las gaviotas, que la miraban con hostilidad, graznando sin cesar. Cada vez que echaba un nuevo cargamento de peces a los toneles y sacaba manualmente los que no se hubieran caído de la red (cosa que no podría haber hecho con guantes, comprendí), sonreía y enseñaba su boca desdentada. Las gaviotas, pequeñas, con el lomo negro y la cola bifurcada, sobrevolaban un momento el mar, a unos tres metros de altura, y después de zambullirse resurgían y se quedaban sentadas en la superficie, con el brillo de los espadines en el pico, como si estuvieran hechos de goma de mercurio. En otro abrir y cerrar de ojos, la pesca quedaba engullida.

En el puerto también había un par de pingüinos que tomaban parte en el festín. Era fascinante la velocidad con la que se movían por el agua en persecución de los peces, con una destreza que superaba incluso la de las gaviotas en el aire. Se escurrían por los bancos con una rapidez y agilidad pasmosas, cebándose en los peces que se encontraban a su paso; peces que, frente a un adversario tan excepcional, no parecían tener otra defensa que su propio número, aparentemente infinito. Lo que me sorprendió fue que no hubiera más pingüinos para tan suculento y fácil banquete.

Gustosamente los habría observado más tiempo, pero los pingüinos se perdieron de vista, así que me giré y rodeé el promontorio hacia su flanco este para dirigirme al siguiente rompeolas. Llegaban del mar olas pequeñas, salpicadas de blanco. Solo había paseado por la playa diez minutos, o a lo sumo un cuarto de hora, disfrutando de la tarde y pensando en mis nuevas experiencias (las muchas y sobrecogedoras maravillas que había visto y hecho durante mis vacaciones), cuando vi la primera de varias formas negras e inmóviles. Al principio parecían pocas, pero al acercarme crecieron tanto en número que daba la impresión de que la playa estuviese cubierta de bultos negros sobre una alfombra negra: cientos de pingüinos muertos en la arena, embadurnados de petróleo, desde el principio del rompiente hasta la costa norte. Pingüinos muertos, recubiertos de una gruesa, sofocante y densa capa de petróleo y alquitrán. Era tan atroz el espectáculo, tan nauseabundo, tan deplorable, que irremediablemente me pregunté por el futuro que le esperaba a una «civilización» capaz no ya de tolerar, sino de perpetrar una profanación así. Comprendí entonces que hubiera tan pocos pingüinos a la caza de espadines en el puerto, a pesar de la abundancia de peces. Pocos, evidentemente, habían tenido la suerte de escapar del vertido de petróleo.

Reanudé mi paseo, consumido por oscuros pensamientos, junto al rastro de devastación que cubría gran parte de la playa. Intentaba hacer una estimación del número de aves muertas, pero aunque hubiera podido calcular cuántos pingüinos había en la playa (formando montones en algunos puntos), lo que era inabarcable era la cantidad de cadáveres que se agitaban en el mar. Cada ola apilaba nuevos pingüinos sobre los anteriores, mientras la siguiente deslizaba hacia la costa una nueva y siniestra remesa de cuerpos negros.

La playa era estrecha, entre el mar y el parapeto de la carretera; en su punto más ancho no debía de superar los treinta metros, pero la contaminación se extendía más allá de donde alcanzaba mi vista. Estaba claro que miles de pingüinos habían sufrido una muerte horrenda durante su viaje al norte, por rutas migratorias ancestrales que sus antepasados usaban desde hacía millones de años.

Aún no sé por qué aquel día seguí caminando por la playa. Lo más probable es que lo hiciera por la necesidad de asimilar todo el horror de lo ocurrido y la gravedad de los daños. No había oído noticias sobre ningún vertido de petróleo en la zona, pero en aquella época pasaba con cierta frecuencia, debido a que la normativa sobre petroleros no era tan estricta como ahora, ni la respetaba casi nadie. Los petroleros entregaban su cargamento, se hacían de nuevo a la mar y limpiaban los tanques durante el camino para ir a buscar otra partida.

Fueron situaciones como esta las que acabaron provocando un cambio imprescindible. Tuve la seguridad de que lo que veía en la playa era la consecuencia inevitable de un horrible choque de culturas. Cuando la necesidad instintiva de las aves marinas de emprender su migración anual topaba con una gran mancha de petróleo vertido al mar por un descuido humano, y por la codicia, solo había un desenlace posible: la aniquilación total de los pingüinos. Incluso si lo hubiera causado un accidente, también habría sido una atrocidad indescriptible. La hipótesis de que naciese de un acto voluntario, llevado a cabo con pleno conocimiento de las más que probables consecuencias, chocaba con cualquier tipo de racionalización o aceptación.

Caminaba deprisa, sin ganas de fijarme en los animales muertos, cuando me pareció ver con el rabillo del ojo que algo se movía, no entre la espuma de las olas, sino en la calma de la playa. Me detuve a mirar. No, no me equivocaba. Una de las aves seguía con vida: un solo y valeroso superviviente que se debatía entre los muertos. ¡Increíble! ¿Cómo podía mantenerse un solo pájaro con vida, si el petróleo y el alquitrán habían aniquilado tan abrumadoramente al resto?

Estaba panza abajo, cubierto igualmente de alquitrán, pero movía las alas y levantaba la cabeza. Tampoco es que se moviera mucho: solo pequeños espasmos de la cabeza y de las alas, que interpreté como los últimos estertores de un animal vencido.

Me lo quedé mirando. ¿Sería capaz de irme, abandonando al pingüino al sofocante alquitrán que le iría robando sus fuerzas hasta que se le apagara la vida? Mi conclusión fue que no. Tenía que acabar cuanto antes con su sufrimiento. Me acerqué, despejando el camino con la máxima decencia y respeto posibles por las aves muertas.

Sobre cómo administrar el golpe de gracia no tenía un plan claro. De hecho no tenía planes sobre nada. Sin embargo, cuando el pingüino, que solo se diferenciaba en un aspecto de sus miles de congéneres embadurnados de alquitrán (el de estar vivo), se puso dificultosamente en pie para enfrentarse con un nuevo adversario, se borró de mi mente cualquier idea de violencia. Agitando hacia mí sus alas pegajosas y picoteando el aire, se mostraba dispuesto a defender una vez más su vida. ¡Casi me llegaba a la rodilla!

Me detuve y volví a mirar al resto. ¿Y si me equivocaba? ¿Y si a pesar de todo estaban vivos? ¿Y si lo único que hacían era descansar y reponerse? Giré unos cuantos con la punta del pie. Ninguna de las aves dio señales de vida. No había nada que diferenciase los muertos entre sí. Todos tenían el plumaje y la garganta saturados de alquitrán, con las lenguas que asomaban por el pico, horriblemente deformadas, y los ojos cubiertos por completo de una mugre corrosiva. Habría bastado con la peste a alquitrán para dejarlos groguis. De hecho, tampoco yo habría podido caminar por la playa de no ser porque el viento del oeste se llevaba el hedor hacia el mar.

Y en medio de tanta obscenidad se erguía un único pingüino, con el pico abierto, la lengua roja y los ojos despejados, unos ojos azabache que brillaban de ira. De pronto se encendió dentro de mí una chispa de esperanza. ¿Podría sobrevivir, después de una limpieza? Había que darle una oportunidad. Pero ¿cómo acercarme a aquel pájaro sucio y agresivo? Nos seguimos mirando con recelo, evaluándonos como adversarios.

Eché una mirada rápida a la porquería acumulada en la playa: trozos de madera, botellas de plástico, poliestireno medio deshecho y redes de pesca podridas, como en casi todos los rompientes de casi todas las playas mancilladas por nuestra avanzada sociedad. En mi bolsillo tenía una manzana dentro de una bolsa. Cuando me alejé, el pingüino se apoyó otra vez en la barriga y sacudió el trasero, como si volviera a ponerse cómodo. Recogí con rapidez algunos restos que me pareció que podían ser útiles y después me acerqué como un gladiador a mi presa, que al intuir que renacía el peligro se irguió de inmediato cuan alto era. Lo distraje agitando un trozo de red, y luego, raudo y valeroso como Aquiles, se la eché a la cabeza y empujé al pingüino al suelo con un palo. A continuación lo retuve, y con la mano dentro de la bolsa (no era momento de comer manzanas) lo atrapé por las patas.

Mientras el animal se retorcía furioso, intentando escapar, lo levanté y lo aparté de mi cuerpo, descubriendo de paso por primera vez lo pesados que pueden llegar a ser los pingüinos.

Así que me encaminé hacia el piso de los Bellamy con un ave de casi cinco kilos que se debatía sin cesar. Como se me cansara el brazo y aquel pico feroz me tuviera a su alcance, me acribillaría la pierna y me embadurnaría de alquitrán. Recorrí los casi dos kilómetros del camino de vuelta temeroso de hacerle daño, o de matarlo del susto, procurando que no sufriese en mis manos, aunque temiendo por mi integridad.

Hice el camino de regreso con la cabeza llena de planes a medias. ¿Qué diría si alguien me pedía explicaciones? ¿Estaba permitido recoger pingüinos empapados de alquitrán en Uruguay? Por aquel entonces la mayoría de los gobiernos sudamericanos eran de tipo militar, así que no me habría sorprendido que existiese alguna ley absurda en contra de un rescate así.

Mientras corría en precario equilibrio por la carretera de la playa llegué a la conclusión de que al menos debía limpiar al pingüino, y recordé que, de pequeños, usábamos mantequilla para limpiar las manchas de alquitrán de las toallas de playa. Sabía que en la nevera del apartamento había mantequilla. También aceite de oliva, margarina y detergente.

Era agotador llevar al pingüino con el brazo extendido. Tenía que cambiar de mano con frecuencia. Lo sujetaba por las patas, pero con un dedo en medio para calibrar la fuerza con que se las apretaba, por miedo a lesionar aún más al animal, que estaba como loco. Para él era incómodo, en eso no me hacía ilusiones, pero al final llegamos a nuestro destino sin mayores percances, ni para él ni para mí: ni el pingüino me había hecho ninguna herida, pese a todos sus esfuerzos, ni yo había tenido la tentación de acabar con él en el trayecto.

El siguiente problema era escabullirme de la portera, una mujer temible que del primer al último día de mi estancia había salido de su portería bajo la escalera como un perro guardián furibundo para examinar a todas las visitas como si no fuéramos de fiar. La perfecta adecuación del personaje a sus labores explicaba de sobra que los administradores de la finca hubieran contratado sus servicios para garantizar que las visitas mantuvieran el debido decoro durante su estancia. Quiso el destino, sin embargo, que estuviera ausente el único día en el que su recelo podría haber tenido alguna justificación. No había moros en la costa.

«Se revelan ciertas cosas sobre los pingüinos.»

2

Los pingüinos de Magallanes
En que se revelan ciertas cosas sobre los pingüinos

Durante los últimos cuarenta años las colonias de pingüinos han sufrido una drástica disminución, en algunos casos de más del 80 por ciento, fenómeno que se atribuye a la contaminación, la pesca y otras actividades humanas.

A pesar de estas amenazas para su existencia, el pingüino de Magallanes, *Spheniscus magellanicus*, se encuentra por todas las costas meridionales de América del Sur. Su altura oscila entre los cuarenta y cinco y los sesenta centímetros y su peso, entre los tres y los seis kilos, aunque lo que pese en un momento dado depende mucho de cuándo y cuánto ha comido la última vez. Tiene el lomo y la cara negros, y el pecho blanco, adornado en el borde superior por una «u» al revés de color negro.

No son gráciles fuera del agua. Parece que tengan el cuerpo demasiado largo y las patas demasiado cortas. Sus hombros, o escápulas, son bastante bajos, y los huesos de sus alas, extraordinariamente planos y finos, les dan el perfil de un bumerán. La postura natural de un pingüino es con las rodillas dobladas y el cuello en forma de ese, aunque llama la atención hasta qué punto son capaces de cambiar de forma. Al agacharse se vuelven casi redondos, postura que ayuda a conservar el calor. También pueden erguirse, en cuyo caso presentan un aspecto muy esbelto, alto y elegante.

Cuando se yerguen separan mucho sus dedos palmeados, y les quedan los «talones» por encima de los dedos, pero también pueden «sentarse», tocando el suelo con los talones y el trasero. Este contacto triangular con el suelo es una solución muy estable. Se parece un poco a la colocación de los huesos de la pierna humana cuando nos sentamos en un taburete bajo. La diferencia es que los pingüinos tienen más huesos que nosotros en la cola, y pueden sentarse sobre ellos. La mayoría de los huesos de las patas están escondidos dentro del cuerpo, que les llega casi hasta los talones. (¡Una de las muchas razones de que a los pingüinos no se les enfríen las patas!) El efecto general es el de dos patas sumamente cortas que sobresalen por debajo del abdomen. La geometría de los huesos del pingüino hace que tenga las puntas de las patas metidas hacia dentro, con el resultado de que al caminar se bambolea con un paso giratorio que resulta cómico para la vista.

Los pingüinos de Magallanes son monógamos y se emparejan de por vida. El macho y la hembra hacen turnos de entre diez y quince días para incubar los huevos, y mientras el uno se alimenta el otro ayuna. Cuando son jóvenes tienen las escamas y la piel de las patas y las piernas moteadas. Con la edad se oscurecen. El pingüino que había encontrado yo no tenía manchas claras. Se trataba, por lo tanto, de un animal maduro.

En el agua los pingüinos se transforman. Un pingüino que nada por la superficie del agua parece un pato desinflado, del que solo sobresalen la cabeza y la cola, pero bajo las olas son nada menos que sublimes. No es más elegante ni más grácil un guepardo, ni un corcel, ni un albatros, ni un cóndor. Nada iguala su maestría dentro del agua.

Como es lógico, el día en que recogí un pingüino en la playa de Punta del Este no sabía nada de estos animales. Este estado deplorable de ignorancia, sin embargo, tardó poco en cambiar de modo brusco.

3

La hora del baño
En que más de uno recibe un baño involuntario y acude al rescate una gaviota

Al entrar en el piso y mirar a mi alrededor me di cuenta de que me había dejado llevar por la idea de rescatar al pingüino sin pensar en los aspectos prácticos que comportaría limpiarlo. El piso de los Bellamy era elegante y refinado, como un anuncio de revista de moda: el peor sitio al que llevar un pingüino embadurnado de petróleo. De pronto parecían muy remotas las posibilidades de hacer algo que beneficiase al animal, y muy reales, por el contrario, las de dejar el piso hecho un asco y disgustar a los Bellamy estropeándoles la decoración, al tiempo que me lesionaba. El pingüino estaba muy sucio y era muy agresivo. Su pico, que giraba todo el rato con pretensiones de destrozarme, se cerraba con un ruido parecido al de unas pinzas de dentista.

Tuve la fugaz tentación de llevármelo de nuevo a la playa, en vez de emprender actos insensatos de los que probablemente me arrepentiría. ¿Cómo sujetar y limpiar contra su voluntad a aquel animal tan pertinaz sin infligirle más heridas de las que ya tenía, ni dejar el piso destrozado? De repente tuve una idea.

Tenía una bolsa de red tan útil que me acompañaba a todas partes. Era como las mallas en las que se venden las naranjas, pero de color azul, con asas de cordel. Ya la había usado en el internado para llevar las botas y las pelotas de rugby, porque así el barro se caía por los agujeros. Su trama de cuadrados pequeños la hacía ideal para las aventuras, ya que apenas ocupaba espacio, pero era bastante resistente para transportar casi cualquier adquisición impulsiva durante una expedición, como tan admirablemente estaba a punto de demostrar. La abrí con una mano, metí el pingüino en su interior, pasé un palo de escoba por las asas y la colgué entre los respaldos de dos sillas dispuestas al efecto. Acto seguido, puse en el suelo un ejemplar del periódico *El Día*, entre las sillas y debajo del pingüino, y una vez seguro de que no podía escaparse me puse a buscar las sustancias limpiadoras pertinentes por el piso.

Reuní mantequilla, margarina, aceite de oliva, aceite de freír, jabón, champú y detergente, y lo distribuí todo por el cuarto de baño, estancia que al igual que el resto del apartamento estaba decorada con buen gusto y bolsillos holgados. Las paredes estaban revestidas con unas teselas de cerámica preciosas, rosa salmón, en forma de peces. El suelo era de mármol negro pulido, y los sanitarios, de porcelana de color marfil, con toda la grifería de oro. Ni en sueños se me habría ocurrido un sitio menos indicado para limpiar un pingüino impregnado de alquitrán.

Cuando tuve el bidé lleno de agua caliente, levanté la bolsa de su soporte provisional y, con el ave a buen recaudo en su interior, la deposité en la taza. El animal, cada vez más furioso, se había debatido hasta sacar el pico y las patas por la red, lo cual le dio la oportunidad de atenazar uno de mis dedos con toda la fuerza de su boca. ¡Primer punto para el pingüino! Traté de liberar el dedo entre insultos, pero el animal lo retenía con la belicosidad de un terrier. Me pareció mentira que mordiese tan fuerte. Con un pico así podría haber abierto una lata de judías.

—¡Que me sueltes, narices! —bramé, sujetando su cabeza con toda la suavidad que me permitían el dolor y la rabia, a la vez que le obligaba a abrir el pico.

El corte, profundo y doloroso, sangraba en abundancia, y dolía como si me hubiera pillado el dedo con una puerta muy pesada. Me lo quedé mirando con sorpresa, desconcertado por que un simple pájaro pudiera hacer tales destrozos. Después dejé al pingüino en el bidé, enredado en la bolsa, y me ocupé de mi dedo. Mientras lo ponía debajo del grifo y lo sumergía en el agua fría, me costó dar crédito a la profundidad del corte. Aún tengo una cicatriz. Dejé correr la sangre por la pila mientras me reprochaba no haber dejado el animal donde lo había encontrado.

Le lancé una mirada asesina, que sostuvo sin flaquear con unos ojos negros y malévolos cuya beligerancia y terquedad lo decían todo. Brillaban de puro odio, venenosos.

«¡Acércate, abusón, que te daré más de lo mismo!», decían.

—Pero ¡serás… serás estúpido! —contesté yo—. ¡Maldita sea! ¡Que lo que intento es ayudarte! ¿Ni eso entiendes, cabeza de pajarito?

Me envolví el dedo con papel de váter, en un fútil intento de detener la hemorragia, y me lo cambié varias veces cuando se empapaba, siempre con la mano por encima de la cabeza. Me dolía mucho. ¿De qué inmundas enfermedades serían portadores los pingüinos? Un cuarto de hora después, aproximadamente, logré que no saliera más sangre, mediante un vendaje de gasa y múltiples tiritas. Ya estaba listo, a mi pesar, para volver a la refriega.

Estaba claro que tendría que controlar al animal con mucha más eficacia que hasta el momento. Mi error había sido subestimar a mi adversario pensando que era un simple pajarito, cuando en realidad era tan grande y peligroso como un águila dorada que defiende su nido. Esta vez tendría que inmovilizarlo como era debido. Tras levantar la bolsa por las asas, para que no pudiera ensañarse conmigo ni con el pico ni con las patas, volví a dejarla colgada entre las sillas, y después usé las vendas para hacer un nudo corredero que le pasé por las patas. Cerró el pico varias veces en el aire, mientras yo ajustaba el nudo. Los pingüinos están dotados de unos pies enormes y extremadamente fuertes, cuyas garras, no muy distintas a las de las águilas, pueden desgarrar la piel humana. Lo interesante es que por debajo no tienen nada que ver con los del resto de las aves. Se parecen más a los de los monos, carnosos, musculosos y hábiles. Le até las patas por detrás, para que no pudiera alcanzarme con el pico.

Mientras el pingüino aleteaba y se debatía en vano dentro de la bolsa, recurrí a la fuerza bruta para sujetarle firmemente la cabeza con papel de periódico. Después, usando unas gomas muy resistentes que había encontrado durante mi búsqueda de enseres de limpieza, le rodeé el pico con varias vueltas, sin taparle los orificios nasales, y como toque final le pasé la goma por la punta afilada. Arañaba el aire con las patas, intentando girarse, pero colgado dentro de la bolsa no podía llegar hasta mí. Respiraba muy deprisa y se le veía el pulso en el cuello y la cabeza, mientras seguía dando inútiles patadas, incapaz de encontrar un asidero.

Sus ojos, cuyo tamaño normal era el de dos guisantes, se habían hinchado de rabia, frustración y odio.

«¡Cómo te atreves! ¡Esta me la pagarás, te lo aseguro!», decían.

Parecía mentira que hacía tan poco tiempo hubiera estado a punto de morir. No había más remedio que adoptar el desapego cínico de los veterinarios. O limpiaba aquel pájaro como era debido, o no sobreviviría.

—¡Bueno, venga, pajarraco de las narices! —dije—. ¡Ven aquí, que es por tu bien, aunque no te lo parezca!

Me dolía mucho el dedo. La simpatía que pudiera haber sentido por aquel animal se había ido casi toda por el desagüe, con mi sangre. Después de comprobar que tuviera las patas bien atadas, le anudé las asas de la bolsa alrededor del cuerpo para que no pudiera abrir las alas.

Cuando consideré que por fin lo tenía prisionero volví a meterlo en el bidé e inicié el proceso de limpieza echándole en el lomo un puñado de líquido lavavajillas. Ahora que su pico ya no era un arma peligrosa pude introducir el líquido entre sus plumas cortas y anchas. Ni el vendaje del dedo ni la resistencia del ave facilitaban la tarea, pero al menos la bolsa de red desempeñaba a la perfección su papel, sujetándolo con suavidad sin entorpecer la limpieza.

De repente el exhausto pingüino se quedó muy quieto. Fue un cambio de actitud y de conducta de una rapidez extraordinaria, mucho mayor de lo que pueda describir.

En cuestión de segundos, de animal aterrado, hostil y resentido (cuyo único objetivo, más que comprensible, era vengarse de mí, como representante de la especie que con tanta crueldad había exterminado a miles de sus parientes más cercanos), pasó a ser mi dócil colaborador en la operación de limpieza. La transformación se produjo en el momento en que empecé a aclarar el detergente, como si hubiera entendido de golpe que mi intención no era asesinarlo, sino despojarlo del repugnante petróleo. Vacié el bidé y lo llené otra vez de agua caliente. Los ojos del pingüino ya no estaban abultados como dos peceras. Ahora ya no sacudía la cabeza, ni intentaba mover las alas o herirme con su pico y sus patas, sino que veía correr tranquilamente el agua. Se le había calmado el pulso. Ya no clavaba en mí una mirada retadora de cautivo agraviado. Lo que hacía era mover de un lado al otro la cabeza y observarme curioso, alternando los ojos. Los pingüinos, que son cazadores, están capacitados para mirar hacia delante con visión binocular, pero también poseen el hábito aviar de mirar primero con un ojo y después con el otro.

«¿A qué juegas? ¿Por qué lo haces? ¿Sabes limpiar esta porquería?», preguntaban sus ojos.

No se encogió al recibir la segunda dosis de líquido. Yo, que había notado un cambio en nuestra relación, me decidí a correr el riesgo de sacarlo de la bolsa, y así me fue más fácil frotarle las plumas del lomo y de las alas con el disolvente verde. El pingüino, solícito, extendió las alas para que los efectos del líquido se extendieran por todas partes. Le embadurné todas las plumas con lavavajillas. Acto seguido retiré la mezcla pegajosa. Después de cada lavado se sacudía como los perros al secarse.

Como se había mostrado tan dispuesto a colaborar, le quité la goma del pico y le desaté los pies, cosa que facilitó en extremo el proceso de limpieza. Ni una sola vez trató de picotearme o escaparse. Subiendo y bajando sin parar la cabeza, observaba con patente curiosidad cómo mis manos metían el lavavajillas entre sus plumas. Primero con un ojo, y después con el otro, tomó nota concienzudamente de los avances realizados, entre miradas constantes a mi cara para cerciorarse de que estuviera prestando la debida atención a la delicada tarea que había emprendido.

Cuando se me acabó el lavavajillas seguí con el champú. De ese modo pude lavar varias veces todo el cuerpo del pingüino, que, erguido en el bidé, me dejaba trabajar sin resistencia. No intentó en ningún momento quitarse con el pico la emulsión de jabón y alquitrán, ni protestó cuando empecé a limpiarle con cuidado la cara y los ojos, esta vez solo con mantequilla.

Después de una hora de trabajo tuve delante de mí un pingüino reconocible como tal. Las plumas del lomo volvían a ser negras, aunque no brillasen, y las de la barriga, sin llegar ni mucho menos a estar impolutas, al menos habían adquirido un color blanco grisáceo. Vacié por última vez el bidé. Viendo que no lo rellenaba, el pingüino me observó con atención. Nos miramos un momento, mientras yo examinaba mi obra sin disimulo.

«¿Ya está? ¿Has terminado? ¿Se ha acabado? ¡Espero que no te hayas dejado nada!»

Mi vista se enfocó lentamente detrás del animal y se deslizó por el cuarto de baño. Sus sacudidas después de cada enjuague habían depositado una fina capa de lavavajillas sucio, petróleo y agua por una porción no desdeñable de pared. También sobre mí, según vi al mirarme en el espejo.

No quería que se paseara a sus anchas por el piso, aunque ahora, al tacto, pareciera limpio, así que para retenerlo lo metí en la bañera y empecé a limpiar todo el resto, yo incluido. El pingüino, que parecía agotado, se tumbó sobre la barriga y me miró, sacudiendo de vez en cuando el culo, mientras yo me duchaba y me limpiaba las salpicaduras de la cara y el pelo.

Los áticos de vacaciones no acostumbran a estar equipados con lo necesario para desalquitranar pingüinos. En eso los Bellamy no eran la excepción, así que me escapé al mercado para comprar grandes cantidades de servilletas de papel y reponer las existencias de lavavajillas. También compré una lata de sardinas, lo único que encontré que me pareció que podía apetecerle al pingüino como merienda. Durante la compra me devané los sesos en busca de algún dato que en algún momento pudiera haber recabado acerca de la historia natural de los pingüinos, porque empezaba a albergar algunas dudas. Había una vocecilla que me importunaba con insinuaciones de que limpiar aves marinas con lavavajillas podía eliminar las sustancias naturales que los impermeabilizaban, y hacer que, incapaces de desempeñarse en su propio elemento, se fueran a pique. Si era verdad, acababa de esmerarme en eliminar de aquel pingüino hasta el último rastro de impermeabilización. Después de todas nuestras peripecias me preocupaba mucho su bienestar. Mi intención, a fin de cuentas, era ayudarle. Sin embargo, a falta de un acceso inmediato a información sobre la limpieza de las aves marinas (en esa época no se podía buscar en Google «cómo desalquitranar un pingüino»), solo podía recurrir a mi memoria y mi sentido común.

Otra cosa que fui comprendiendo mientras recorría las calles despobladas fue la realidad de mi situación, que ensombrecía todos nuestros logros. Tendría que levantarme al alba, para emprender el viaje de regreso a Buenos Aires, y una vez ahí tendría que prepararme para volver al trabajo. Estaba todo organizado. Era inmutable. ¿Cómo me las arreglaría con un pingüino lisiado a cuestas? Mi intención, obviamente, no era quedármelo. Sería imposible tener un pingüino en un apartamento de Buenos Aires. Necesitaba un pingüino como un pingüino puede necesitar una moto. De hecho mis desplazamientos por suelo argentino los hacía en moto. Y por desgracia, teniendo las patas como las tienen, ¡los pingüinos no pueden ir de paquete!

Me dije que datos, lo que se decía datos, sobre la limpieza de las aves pelágicas no los tenía, y que de todos modos seguro que eran cuentos chinos. Así pues, rehíce resuelto mi camino y me dispuse a soltar el pingüino en el mar para poder dedicarme a los preparativos importantes que debía tener zanjados a principio de curso. No había vuelta de hoja. Tendría que volver al mar y jugársela. No podía quedarme con un pingüino. Además, seguro que estaba mejor con los de su especie.

Lo había dejado en la bañera. Cuando entré en el lavabo se puso a correr de un lado para otro batiendo las alas, con los ojos pequeños y brillantes.

«¡Cuánto has tardado! —decían—. Ya empezaba a preocuparme. ¿Qué hacías?»

De haber sido un perro habría movido la cola. Tuve la seguridad de que se alegraba de verme.

Abrí la lata de sardinas con la llave adjunta e intenté darle trocitos de pescado, pero su reacción fue de desprecio, y cuando intenté ponérselos en el pico se los quitó de encima con vehemencia. Le ofrecí más, y él, con el pico escondido en el pecho, cerró sus múltiples párpados y volvió a abrirlos para mirarme.

—Mira, te he traído sardinas para merendar —dije.

«¡Puaj! ¡Llévatelas! ¿Qué porquería es esta?»

Desistí y lo sequé con las servilletas de papel. Después me propuse impermeabilizarlo de nuevo embadurnándole las plumas con mantequilla y aceite de oliva, hasta que quedó lustroso como un nadador. Cuando consideré que estaba saturado de todos los materiales impermeabilizadores que tenía a mi alcance lo metí en una bolsa de la compra, para que no lo viera aquella bruja cuyo disfraz de portera no engañaba a nadie, y los dos volvimos en silencio a la costa.

El piso de los Bellamy solo estaba separado del Atlántico por la carretera litoral. En aquel punto la playa era muy acogedora, de arena, con afloramientos rocosos y sin el menor rastro del vertido de petróleo o de los desventurados pingüinos que tapizaban la costa hacia el nordeste de la punta.

Crucé deprisa la carretera, deposité el pingüino en la arena mojada y me aparté para observarlo. Esperaba que saliera corriendo hacia el mar y se alejara a nado, feliz de haber recuperado su libertad, pero lo que hizo fue volver directamente a mi lado. Lo peor de todo era que me miraba a la cara, e incluso a los ojos, como si me hablase.

«¿Por qué quieres que vuelva a este mar de petróleo donde no se puede vivir, si hace tan poco que nos conocemos y somos amigos?»

—Vete —dije yo—. Venga, ve a buscar a los otros pingüinos. ¡Conmigo no puedes venir!

Se quedó a mis pies, mirándome con patetismo.

«¡No puedo volver! Me has desimpermeabilizado y ya no puedo nadar.»

¡Maldición! No se estaban cumpliendo en absoluto mis planes. Lo recogí y me lo llevé a las rocas.

—No puedes venir conmigo —le expliqué pacientemente—. Mañana vuelvo a Argentina, y el lunes tengo que trabajar. Que no, que no puedes venir. Tendrás que echarte ahora mismo a nadar.

Un suave oleaje llegado del Atlántico hacía que el agua subiera y bajara medio metro. Esperé una de las bajadas para depositar al pingüino encima de las rocas y retirarme a un punto más elevado. Unos segundos después llegó otra ola, y el pingüino desapareció. Esperé aguzando la vista, para ver si se iba nadando, pero al cabo de un rato se retiró de nuevo el agua y ya no estaba. Debían de haberme despistado los reflejos en la superficie.

—Adiós, pajarito —dije—. Que tengas suerte. ¡Que de ahora en adelante no haya trabas ni problemas en tu camino!

Sin embargo, cuando me volví vi a un pingüino que luchaba atribuladamente por salir del agua. Debía de haber nadado en círculo, sin lograr salir a mar abierto. No había más remedio que intentarlo otra vez, poniéndolo más lejos, al final de las rocas, donde tuviera el camino más despejado.

Ya anochecía. El mar estaba muy frío. En cuanto el agua bajó de nivel eché a caminar por las rocas, contando los segundos, y dejé al pingüino lo más lejos que pude. Al volver, sin embargo, me di cuenta a medio camino de que me mojaría los pies. La espuma tapó las piedras por las que saltaba. Pisé donde no debía y me encontré con el agua helada hasta las rodillas.

—¡Maldita sea! —dije sin aliento, rodeado por una ola fría que me empapó hasta la cintura.

Seguí caminando a trancas y barrancas, pero antes de llegar a la playa volví a resbalar, metí todo el brazo en el agua para evitar una inmersión total y me despellejé la palma de la mano.

—¡Típico! A ver si aprendes algún día a no meterte donde no te llaman —me dije.

Por fin llegué a la playa, con la ropa mojada y sacudida por un viento frío. Me miré los zapatos empapados y los vaqueros pegados a las piernas. Notaba cómo se me adhería la manga al brazo, y cómo el agua goteaba por mi puño. Mientras veía caer el chorro en la arena, me di cuenta de que al lado de mis pies había otros.

Levanté la vista y descubrí que mis tribulaciones tenían un testigo.

«Está fría el agua, ¿eh?»

—¡Mira! ¡Por tu culpa me he mojado entero! —le dije al pingüino, que ahora estaba a mi lado y me miraba de los pies a la cabeza.

«Tampoco te funciona la impermeabilización, ¿verdad?», dio a entender él.

Le exigí que volviera con los suyos y me fui rápidamente por la playa, haciendo un ruido de succión con los zapatos mientras esperaba encarecidamente que aún no hubiera vuelto la portera, a quien pagaban justamente por eso, para evitar que se metieran visitantes llenos de algas y de arena en el edificio.

El muro de contención del borde de la carretera se alzaba más o menos un metro por encima de la playa. En aquel punto no había escalones, pero encontré un saliente de roca muy oportuno.

¿Qué fue exactamente lo que sentí al girarme y ver que el pájaro corría hacia mí por la playa? Estaba demasiado mojado, tenía demasiado frío y me escocían demasiado los cortes de la mano por la sal del agua para que la persistencia del pingüino despertara en mí algún tipo de satisfacción. En todo caso, el muro era demasiado alto para que él pudiera escalarlo, así que tuve la seguridad de que al final no tendría más remedio que volver al mar. Tendría que hacer el esfuerzo de adoptar la imparcialidad de los fotógrafos de fauna y resistirme a nuevas intervenciones. Más no podía ayudarlo. Punto.

Sin parar, salvo lo justo para que pasara un coche, crucé la carretera y tomé la dirección de mi bloque de pisos. Me giré. Al otro lado escalaba las piedras un pingüino, que empezó a caminar hacia mí.

—¡Para! —grité, tanto al pingüino como a la camioneta que se acercaba a toda velocidad sin que el conductor me oyera ni viera al animal.

En el momento en que pasó tuve miedo de oír un golpe, pero no lo hubo. La camioneta pasó de largo. El pingüino seguía cruzando la carretera. Corrí hacia él sin perder ni un segundo más y lo recogí. Estaba empapado, y me pareció que muy frío.

—¿Y ahora qué hago contigo? —pregunté.

Una vez más me regañó la misma voz impertinente en mi cabeza.

«¡Ya te dije que si lavas un ave marina con lavavajillas luego no puede sobrevivir dentro del agua!»

¿Por qué se parecía tanto a la voz de mi madre?

Lo metí con cuidado en la bolsa, pasé la solapa por encima, me lo apreté contra el pecho para darle calor y crucé la puerta de cristal del edificio.

—¡Oh! ¿Qué le ha pasado, señor? ¿Se encuentra bien? —preguntó la portera, saliendo de su garita con cara de preocupación.

Miró mi ropa mojada y las gotas de sangre que caían de mi mano.

—Pues la verdad es que he resbalado al lado del mar y me he caído al agua, pero bueno, no me he roto nada. Lo único que necesito es una ducha bien caliente antes de que me muera de frío.

—¿Se ha caído de las rocas? Son muy resbaladizas. ¿Seguro que no se ha hecho nada grave?

—¡No, gracias, estoy bien, de verdad! Perfectamente. Me cambio de ropa y listo —dije rodeándola. A cada paso chirriaban mis zapatos, dejando un charco de arena. Me urgía desaparecer antes de que se acercara y descubriera el pingüino—. ¡Ah, y perdone que lo deje todo perdido! Ya lo limpiaré en cuanto me cambie.

Me lancé por la escalera sin esperar la respuesta.

—Ya lo hago yo, señor —dijo ella a mis espaldas—. ¡Usted dese una buena ducha caliente!

Era otra portera, por supuesto. Quizá no estuvieran todos los hados contra mí.

Una vez dentro del piso metí de nuevo el pingüino en la bañera y volví a secarlo con servilletas de papel. Luego me duché rápidamente, puse mi ropa a secar sobre los radiadores y me afané en no dejar ningún rastro de la presencia de un pingüino en el cuarto de baño de los Bellamy, labor que me ocupó tanto tiempo como la de lavarlo. Al acabar revisé el equipaje, la reserva y el horario del barco y empecé a pensar en la cena. Lo único que quedaba en la nevera eran la manzana y las sardinas del pingüino, y ni lo uno ni lo otro me parecieron indicados para mi última noche de vacaciones. Mi pretensión (antes, claro está, de tener un pingüino a mi cargo) había sido cenar fuera. Después de cerciorarme de que el pingüino estuviera bien seco, volví a meterlo en la bañera y, como no podía hacer más por él, cogí mi libro y decidí que no había ningún peligro en salir a cenar.

La conclusión que se iba dibujando a mi pesar era que tendría que intentar llevármelo a Argentina. No tenía tiempo de buscar un zoo en Montevideo. Además, si lo llevaba al de Buenos Aires podría ir a verlo de vez en cuando. Me alivió pensar que había encontrado una solución sensata al problema, y no le di más vueltas.

A doscientos o trescientos metros del apartamento había un pequeño restaurante con encanto en el que decidí tomar mi última comida uruguaya. Pedí unas aceitunas, mi bistec con patatas chips y la ensalada de siempre y, para beber, una saludable botella de mi malbec argentino favorito, de la gloriosa región de Mendoza.

Era temprano. En vista de que no había ningún otro comensal con quien hablar, me relajé y abrí mi libro. A principios de los años setenta estaba muy de moda *Juan Salvador Gaviota*, que yo estaba leyendo en español, pero me di cuenta de que por mucho que me esforzase no podía concentrarme en las gaviotas, sino que pensaba en un pingüino en la bañera. Lo más seguro era que me lo encontrase muerto al volver. No me cupo duda alguna. Seguro que se había tragado una cantidad considerable de petróleo, el pobre bicho, y pronto moriría intoxicado. Era inevitable. Parecía imposible que solo él hubiera podido sobreponerse a las toxinas y los traumatismos que habían acabado con la vida de todos los otros pingüinos de la playa. Llegué a la conclusión de que lo encontraría muerto en la bañera. Lo único que había conseguido era hacer más dolorosas sus últimas horas. Seguí mirando el libro, pero era como si las palabras flotaran por la página: Juan Salvador, Juan Salvador...

De pronto me di cuenta de que a pesar de todo abrigaba la esperanza de que sobreviviese, porque a partir de aquel momento ya tenía un nombre: Juan Salvador Pingüino; un nombre acompañado por el renacer de la esperanza, y por la aparición de un vínculo que duraría toda la vida. Fue el momento en que se convirtió en mi pingüino. Lo que nos deparase el futuro lo viviríamos juntos.

Cené con más prisa de la cuenta, pagué y regresé al piso temiendo lo peor, pero ya al abrir la puerta supe que todo iba bien, porque oí que corría por la bañera, dándome la bienvenida con sus aletazos. Cuando entré me miró de esa manera suya inimitable.

«¡Qué alegría que hayas vuelto! Has tardado una barbaridad», parecía decir.

Me sorprendí sonriéndole; más en concreto con una sonrisa de oreja a oreja y un alivio abrumador.

—¡Sí, Juan Salvador, he vuelto, y me alegro mucho de verte tan bien!

«¡Sí, Juan Salvador, he vuelto,
y me alegro mucho de verte tan bien!»

4

Aviso de tormenta en las Malvinas

En que nace un plan de una pelea en un bar

Me acosté pensando en un plan para meter un pingüino en Argentina sin que me parasen en la aduana ni en la frontera. Recurriría a mi comprensión de la psicología nacional, con la que estaba bastante familiarizado, aunque solo llevara seis meses en Argentina. Gracias a las experiencias de mi primera semana en Quilmes, junto a Buenos Aires, me consideraba un experto en la materia, y a quien más se lo debía era a mi nuevo colega Euan McCree, profesor de historia.

St. George's College era un internado que seguía el modelo de los colegios privados ingleses, con edificios de suntuoso estilo colonial, y que en algunos aspectos se había quedado anclado en la década de 1920. Lo fundó en 1898 un tal Canon Stevenson para educar a los hijos de los británicos que vivían y trabajaban en Argentina, dedicados sobre todo al tendido del ferrocarril, la construcción de plantas frigoríficas de procesamiento de carne y la ganadería, hombres para quienes el coste de educar a sus hijos en Inglaterra resultaba prohibitivo, tanto en tiempo como en dinero. Pero en los años setenta su clientela había cambiado. Aunque muchos alumnos seguían siendo de origen británico (hijos y nietos de antiguos pupilos del centro, en muchos casos), ya eran argentinos de segunda o tercera generación, que no consideraban Inglaterra como su «hogar». Por lo demás, la mayor parte del alumnado provenía de familias argentinas de origen hispánico.

Como único internado de Argentina adscrito a la Headmasters' Conference, o HMC, St. George era sumamente caro y exclusivo, y por aquel entonces se consideraba el no va más de la educación secundaria en América del Sur, por lo que atraía a alumnos de casi todos los países del continente. La mayoría de las clases eran en español. Se seguía el plan de estudios nacional de Argentina, y las clases las daban profesores con titulación homologada, lo más adecuado para alumnos cuya perspectiva era seguir estudiando en el país y ganarse la vida en él. Solo el 20 por ciento, aproximadamente, seguía un plan de estudios puramente británico, con niveles O y A que impartía personal británico cuyo cometido era asegurar el nivel de inglés hablado que esperaban los padres a cambio de lo que pagaban.

A Euan lo conocí durante el viaje de Inglaterra a Argentina. Éramos los nuevos de aquel curso. Unos cinco años mayor que yo, medía un metro noventa, y su piel, muy blanca, contrastaba con el castaño oscuro de su pelo y su barba, cortos pero rebeldes. La verdad es que era idéntico al capitán Haddock de *Tintín*, aunque el parecido no iba más allá de lo físico. He conocido a poca gente con una inteligencia tan excepcional como la de Euan. Su conocimiento enciclopédico de todos los temas contrastaba con una infancia en los barrios más duros de Belfast, Irlanda del Norte (lo que él llamaba el Ulster). Su padre había sido delegado sindical en los astilleros Harland & Wolff. El acento de Euan era tan marcado que a un inglés, de buenas a primeras, se le hacía muy difícil entender su dialecto.

Dotado de una memoria increíble, sobrenatural, podía citar largos pasajes de poesía o de literatura solo con haberlos leído una vez. Era un hombre de gran vehemencia que a la hora del desayuno ya tenía ganas de hablar sobre Nietzsche, y si no extremabas la prudencia en tus respuestas corrías el riesgo de caer en la trampa y parecer de acuerdo con alguna postura aberrante, como la eutanasia obligatoria. Con el tiempo descubrí que lo mejor era fingirme enfrascado en alguna noticia del periódico que requiriese toda mi atención, como el movimiento de naves en el puerto de Buenos Aires. Todo eso, sin embargo, no lo averigüé hasta que conocí mejor a Euan.

Poco tiempo después de llegar a Argentina, cuando empezamos a tomarnos confianza, decidimos que era necesario ampliar nuestros conocimientos visitando el centro de Buenos Aires para familiarizarnos con su vida nocturna. Cogimos el tren en Quilmes hasta la estación central de Constitución, y luego el «subte» (abreviación de «subterráneo», es decir, el metro) hasta la avenida Nueve de julio, la más ancha del mundo, en la que confluyen calles repletas de tiendas, teatros, cines, restaurantes y bares. Aquella noche templada de febrero la ciudad palpitaba de música y de vida, y prometía toda la emoción que pudieran buscar dos jóvenes viajeros.

Después de unas cuantas cervecitas en dos o tres bares (tal vez cuatro), nos dimos el lujo de cenar un bistec en un restaurante. Luego, cuando ya empezaba a oscurecer, nos metimos en un bar muy concurrido. Era una tarde calurosa. Las puertas estaban abiertas, y por encima de la multitud que se derramaba por la calle flotaban las notas de un tango. Por todas partes se oía disfrutar alegremente de la velada. (Era, por decirlo de otro modo, idéntico a cualquier otro bar de Buenos Aires.)

Pedimos dos Quilmes, por fidelidad de recién llegados a la gran marca cervecera del país. Aunque el local estuviese abarrotado, dentro, en la penumbra, quedaba algo de sitio. Vimos dos sillas al final de una mesa donde ya se habían instalado unos seis chicos.

Nos trajeron las cervezas en botella y con un vaso sobre cada una, como era la costumbre, acompañadas por dos cuencos de cerámica con picoteo barato (sobre todo pepinillos). Debajo de uno de los cuencos dejaron la cuenta doblada por la mitad. Solían acumularse durante la noche, y se pagaba al final.

Nos fijamos en la gente. A juzgar por la mezcla de trajes elegantes y monos de obrero, estaban presentes todas las edades y estratos de la sociedad.

Hablamos sin levantar la voz de lo bien que iba todo. Habíamos sabido orientarnos en el tren y el metro, habíamos cenado estupendamente y ahora estábamos un poco achispados, pero a gusto. Seguro que una o dos cervezas más nos ayudarían a decidir nuestro siguiente objetivo.

Al poco tiempo se giró uno de los de la mesa.

—Hola —dijo.

Su gesto de cordialidad dio pie a una conversación llena de titubeos. Por entonces mi español era francamente limitado, y el de Euan, inexistente. En cambio nuestros nuevos conocidos tenían nociones de inglés, como casi todo el mundo, así que nos comunicamos como pudimos.

—Sí, es la primera vez que venimos a Buenos Aires.

—Sí, nos parece una ciudad muy bonita.

—No, no somos turistas. Hemos venido a trabajar, pero acabamos de llegar.

Se presentaron: Carlos, Raúl, Andrés, etc. Nosotros hicimos lo mismo. La conversación siguió su curso.

—Sí, estamos viendo a muchas chicas guapas.

—No, aún no hemos ido a un partido de fútbol, pero ya lo haremos. Nos han dicho que en Quilmes hay un buen club.

—Sí, ya sabemos que en 1978 se celebrará el Mundial de Fútbol en Argentina.

Llamé al camarero y pedí dos cervezas más.

—¡No, qué va, no somos americanos! Somos de Gran Bretaña.

—Ah, vale, ya lo entiendo… ¿O sea, que sois ingleses? ¿Vivís en Londres? —dijo Carlos.

—¡Qué voy a ser yo inglés! ¡No, hombre, que soy de Ulster!

Las caras de nuestros nuevos amigos reflejaron una falta absoluta de comprensión.

—¡De Irlanda! —dijo Euan, con un mal humor que me sorprendió.

La verdad es que nuestros nuevos amigos no tenían ni idea de lo que había dicho. Hasta a mí me costaba entenderle. Encima tuve la impresión de que empezaba a trabársele la lengua, cosa que no ayudaba. Intenté explicar rápidamente que el Ulster no era el mismo país que Inglaterra, ni que la República de Irlanda, y quedé tan satisfecho de haber sabido suavizar una situación violenta que la siguiente pregunta me sumió en el desconcierto.

—Pues si sois ingleses, ¿qué pensáis de las Malvinas?

Yo, que en esa época era novato en muchas cosas, no tenía la menor idea de que estuviera en disputa la soberanía de las islas Falkland, situadas a unos cuatrocientos cuarenta kilómetros al este del extremo sur de Argentina, ni de que el Reino Unido y Argentina llevaran mucho tiempo enfrentados por ellas. Aún faltaba una década para que estallara la guerra, pero yo no tardaría mucho en descubrir la importancia del archipiélago en la conciencia política argentina.

Me había quedado perplejo. En cambio Euan, como era de prever, lo sabía todo sobre las islas.

—¡Bah! ¡Eso es una chorrada! ¡Estupideces!

El tono de la conversación con nuestros nuevos amigos sufrió un cambio brusco. Hasta entonces habían estado sonrientes y la mar de relajados durante el chapurreo, pero de pronto se pusieron muy serios, y su lenguaje corporal se volvió tenso.

Con una mezcla de inglés rudimentario y español (sobre todo lo segundo, que fui traduciendo en la medida de mis capacidades) desgranaron acusaciones contra los pérfidos piratas ingleses que les habían robado sus islas, una descripción muy parecida a la que dedicaron los españoles a Francis Drake cuando les robó el oro que habían saqueado ellos a su vez.

Euan, cuya capacidad de desgranar los argumentos que guardaba en su prodigiosa memoria no tenía parangón, empezó a demoler sus opiniones a grito pelado, señalando una serie de verdades dolorosas sobre la conquista de las tierras sudamericanas por sus antepasados españoles. Lo ocurrido a los pueblos nativos durante la adquisición de los «derechos» y «títulos» de los conquistadores solo podía describirse como un genocidio puro y duro. Así, dijo, nunca habían actuado los británicos.

Yo miraba azorado a todas partes. Nunca me había visto en una situación como aquella. Se estaban empezando a caldear los ánimos. Los demás clientes ya no nos miraban con tanta simpatía, en marcado contraste con el cálido recibimiento que hasta aquella noche me había deparado Argentina. Me fijé en que se acercaban unos individuos corpulentos, y tuve la molesta sensación de que mis expectativas para la velada estaban muy lejos de cumplirse.

Euan cada vez levantaba más la voz, dando porrazos en la mesa para subrayar sus argumentos e ignorando el énfasis con que yo le aconsejaba que nos fuésemos. No se había fijado en que se acercaba gente a la mesa, ni en las caras hostiles que nos rodeaban. En cuanto a los chicos con los que habíamos estado hablando, estaba claro que no tenían ganas de alargar la discusión, que se había vuelto muy desagradable. Algunos procuraban contener a sus amigos y les aconsejaban que no nos hicieran caso.

—¡Bueno, ya está bien! ¡Basta! No queremos seguir hablando con vosotros, ingleses. Dejémoslo. ¡Basta! ¡Basta! —dijo Carlos antes de darnos la espalda.

El tiempo pasaba con una lentitud agónica, como cuando te caes de la bicicleta. Sin embargo, nada podía hacer yo contra el inevitable choque.

—¿A quién coño llamas bastardo, pedazo de bastardo? —le gritó Euan a Carlos, levantándose de un salto.

Y en un solo movimiento tomó por el cuello una botella de cerveza y la rompió contra el canto de la mesa, creando el arma más maléfica y asesina que se pudiera imaginar. Con un brillo de esquirlas de cristal en su avezada mano, se abalanzó sobre Carlos con la otra por delante.

Uno de los porteros le dio un golpe en el brazo con una porra de madera y le hizo soltar la botella, que cayó al suelo. Después lo sujetaron otros dos por la cabeza y por los hombros, a la vez que el cuarto me tomaba a mí por el cogote. En un abrir y cerrar de ojos se volcaron sillas y mesas, se cayeron cristales al suelo y Euan fue arrojado a la calle con la ayuda de algunos parroquianos. Su metro noventa quedó por el suelo, hecho un ovillo. A mí se limitaron a echarme. Contemplé horrorizado a Euan. No podía creerme lo que acababa de pasar. Él ya había empezado a levantarse, despacio y con torpeza, exhibiendo una sonrisa absurda e irritante. Y de repente... ¡se echó a cantar! No tuve más remedio que llegar a la conclusión de que se divertía.

Yo estaba aturdido, como pez fuera del agua, y muerto de miedo, la verdad. Era un chico de campo, de los plácidos Downs del Sussex más rural, y a lo máximo que había llegado en mi vida era a discutir y pegarme con un par de niños, siempre con acuerdo a las nobles reglas del boxeo. Emprendí con la mayor rapidez posible el camino de regreso a la estación, respirando a grandes bocanadas el aire fresco de la noche, que me serenó enseguida. Euan se tambaleaba en medio de la calle, gritando «¡Bastardos de mierda!» y haciendo en dirección a la entrada del bar —donde estaban en fila los porteros, cruzados de brazos y formando un peaje humano— la señal de la uve con los dedos (que en Argentina no quiere decir nada). Seguí caminando en línea recta, o lo más recta que pude.

Euan me dio alcance rápidamente.

—¡Eh! ¿Adónde vas?

—¡Vuelvo al colegio! —respondí sin mirarle.

No tenía ganas de estar con él. De hecho estaba pensando qué le diría al director si regresaba a solas. Lo absurdo es que al mismo tiempo me sentía responsable en cierto modo de su integridad. Fue lo único que me impidió perderme entre la multitud.

—¿Por qué? ¿No quieres seguir?

—¿Seguir? ¿Seguir? —dije, pasmado—. ¡No, no quiero! ¡No es lo que entiendo por salir a divertirme!

—¡Me ha llamado bastardo! —dijo él, indignado—. ¿Qué querías, que me quedara callado? ¡Hip!

—No te ha llamado bastardo —contesté con rabia—. Ha dicho «basta», en español. No era ni de lejos para ponerse así.

Estuve a punto de rematar la frase con un «bastardo», pero me lo pensé dos veces. Podía haber más botellas de cerveza por el suelo.

Sentado en un vagón casi vacío del tren, Euan se limpiaba la cara y las manos, que se le habían llenado de arañazos al caerse a la calle. Se arremangó para enseñarme un morado tremendo que le estaba saliendo en el lugar del golpe de porra del portero.

—¡Bastardos de mierda! —murmuraba—. ¿Qué —añadió poco después—, te vienes conmigo a tomar otra cervecita?

—¡No! —dije yo—. Ni loco. ¡Es la primera vez que me echan de algún sitio!

Él me miró con recelo, como en señal de que era la primera vez que conocía a alguien que no estaba acostumbrado a que lo expulsaran de los bares.

—¿Dónde has aprendido lo de las botellas? —pregunté, intentando conciliar los dos lados de Euan, el de intelectual erudito y el de psicópata borracho.

—Eso en mi pueblo viene de nacimiento —dijo él, tan tranquilo.

No tuve más remedio que creérmelo, aunque me horrorizó pensar en las heridas que podía infligir un arma así.

Euan miraba las luces que pasaban al otro lado de la ventanilla. Se puso otra vez a cantar. Yo hacía lo posible por aparentar que no nos conocíamos.

—¡Si te quedas conmigo —dijo después de un corto silencio— nos lo pasaremos en grande, amigo mío!

Sentí que mi boca estaba abierta, pero no me salían las palabras. ¿Qué había podido querer decir Euan?

—¡Gracias a mí te acabas de tomar unas cervezas gratis! —explicó—. ¡Me debes una, colega!

Era verdad. No habíamos pagado las cervezas. ¿Cuántas? ¿Dos por barba? ¿Tres? Y lo peor era que por lo visto había contraído una especie de deuda de honor con aquel energúmeno.

Estupefacto por su horrible lógica, decidí que lo mejor era no decir nada, para no empeorar las cosas. Fue la primera vez que tuve la impresión de que me hacía jaque mate.

Decidí que con jaque o sin él no volvería a acompañarlo a ningún sitio. Eso sí, había aprendido una valiosa lección. A partir de entonces entendí la preocupación de los argentinos por las Malvinas, y su ferviente y patriótico nacionalismo.

Ahora que estaba en la cama, esperando que llegara el sueño antes de madrugar, se me empezó a formar en la cabeza una estrategia para la salida de Uruguay de Juan Salvador. Aún había que darle los últimos retoques, pero empezaba a parecer posible que a pesar de todo sí estuviera en deuda con Euan Mc-Cree...

5

La ley de la frontera
En que casi todo se ajusta a mi plan

A la mañana siguiente mi despertador sonó a las cinco. Aunque me hubiera acostado con la seguridad de que llevarme a Juan Salvador a Argentina era la mejor decisión, albergaba algunos temores sobre la jornada. Aún no había amanecido, pero me levanté enseguida para ver si el pingüino había sobrevivido a la noche. Al entrar en el cuarto de baño y verlo con tan buen aspecto, contento de verme, sonreí efusivamente. Él, que corría aleteando por la bañera, subió y bajó la cabeza y me miró, primero con el ojo izquierdo y después con el derecho.

«¡Ah, buenos días! ¿Has dormido bien? Remoloneando un poco en la cama, ¿eh? Bueno, supongo que más vale tarde que nunca. Ahora tenemos que irnos. ¿Qué toca hoy, alguna nueva aventura?», sugirió.

—Hoy volvemos a Argentina en barco —dije yo—, o sea, que a portarte lo mejor que puedas, amigo mío, para que todo salga bien. Déjame hablar siempre a mí, ¿vale?

Recogí mis pertenencias, metí a Juan Salvador en la bolsa de red y una vez hechas las comprobaciones de rigor cerré por última vez la puerta del piso. Caminando por la fría noche hacia la estación de autobuses esperé fervientemente que los Bellamy no se enterasen nunca de que había lavado un pingüino en su cuarto de baño. Me había esforzado por no dejar ni rastro del accidentado día anterior. Estaba seguro de que solo quedaba cierto olor a ave marina.

Al final de la calle vacilé. No había ni un alma. Solo se oía el suave oleaje del mar, de aspecto frío y negro. Apenas empezaba a despuntar el nuevo día al este. Tenía ante mis pies dos caminos muy divergentes. Debía tomar una decisión, tras la que ya no habría vuelta atrás. Uno de los caminos era recto, llano, sensato y sin problemas. Solo tenía que dejar el pingüino otra vez en la playa, donde moriría rápidamente de frío cuando se evaporase el agua en sus plumas saturadas, mientras yo apretaba el paso hacia la parada de autobuses. Podía darle a aquel acto una base racional, diciéndome que de todos modos el pingüino se habría muerto, y que yo ya había hecho todo lo que estaba en mi mano. ¿Qué más se me podía pedir? Del mismo punto, sin embargo, partía el otro recorrido. Era un camino lleno de baches y de barro, infestado de zarzas y de pinchos, y tan impenetrable que no alcanzaba a verse ni el primer recodo, pero le daba a Juan Salvador una oportunidad para seguir viviendo.

¿Elegir? ¿Dónde estaba la elección?

> *Se bifurcaban dos caminos en un bosque, y yo*
> *me decidí por el que menos se pisó,*
> *y ha sido lo que todo lo ha cambiado.*

Con mi decisión en una mano y una bolsa de red disimulada en la otra, me acerqué a la parada de autobús en la penumbra del alba. A esas horas no había mucha gente que fuera a Montevideo, y la mayoría presentaba un aspecto soñoliento, descuidado. Con mis pertenencias envueltas con papel y cuerda no me sentí fuera de lugar. Cuando llegó el colectivo, con solo diez minutos de retraso, venía medio lleno. Me senté al lado de una chica guapa, más o menos de mi edad, que me había sonreído alentadoramente en el momento del embarque.

Durante mi tiempo en América del Sur había aprendido la dura lección de que en los autobuses medio llenos era mejor elegir un compañero de asiento que ocupar alguna de las últimas plazas dobles libres y dejar que fuera el hado el que escogiese al vecino. Este último error lo había cometido en Bolivia, cierta vez en que el último pasajero en subir al autobús había sido una mujer autóctona de grandes dimensiones (y no me refiero a la estatura) con un bombín y un chal de colores vivos. Tenía esta mujer tres hijos pequeños y un verdadero zoo a cuestas, con varias gallinas y un cerdito, contenidos —al menos durante una parte del viaje— en varias cajas. No hace falta que diga que entre todos los asientos disponibles eligió el de mi lado, y no solo ocupó una porción mucho mayor de mi butaca que la que le correspondía por derecho, sino que a lo largo de las cinco horas de viaje restantes descubrí que no dejaba ni un momento de retener o repeler de sus cajas a niños y animales movedizos y poco enseñados, en una constante reordenación de los seres a su cargo.

Esta vez llevaba todas mis pertenencias cómodamente guardadas en la mochila, excepto a Juan Salvador, que iba en la bolsa de red. Esta última la había tapado con una gran bolsa de papel marrón puesta al revés, con dos ranuras por las que pasaban las asas, para que no se viera el contenido. La verdad es que no me apetecía contarle a nadie por qué llevaba un pingüino en una bolsa. Lo último que deseaba eran consejos de una extensa serie de personas, sin duda bienintencionadas, que a la menor ocasión harían largas colas para decir: «¡Yo que usted no lo haría, francamente se lo digo!». La suerte estaba echada. Eran hechos consumados, grabados en piedra. Me llevaría aquel pingüino a Argentina contra viento y marea. Ya no podía en modo alguno dejar que se las arreglara solo, y menos con lo reticente que se había mostrado en la playa. Además, la verdad es que no pensaba que a Juan Salvador le quedara mucho tiempo en este mundo. Mi temor era que si no sucumbía al petróleo se muriera de hambre. Tenía la certeza de que llevaba al menos doce horas sin comer, y era posible que antes de nuestro encuentro hubiera pasado varios días de ayuno. Ahora bien, si no sobrevivía no sería por falta de esfuerzo por mi parte. No había más que hablar. Yo, en todo caso, no pensaba discutir, justificarme, debatirlo ni aceptar consejos de nadie.

El trayecto en autobús hasta Montevideo duraba menos de dos horas. Era una delicia recorrer de pueblo en pueblo la campiña mientras subía el sol, y la temperatura. No tardé mucho tiempo en distraerme conversando con mi guapa vecina de asiento. Se llamaba Gabriela e iba a Montevideo a ver a su abuela. Hablamos de todo y nada, y ni Gabriela ni ninguno de los otros pasajeros sospechó que entre mis piernas, oculto en su bolsa de red y su papel marrón, estuviera Juan Salvador.

Poco antes de nuestra llegada a la terminal de Montevideo

el autobús empezó a llenarse de un vago olor a mar. Los pasajeros miraban a su alrededor, olisqueando, para ver quién había sacado pescado de la bolsa de la compra, y a continuación, cuando se dieron cuenta de que olía peor que eso, empezaron a mirarse los zapatos, por si habían pisado alguna porquería, o las bolsas de viaje, por si algo desagradable había aterrizado misteriosamente en ellas. Solo había un pasajero que no se dedicaba a ninguna de estas actividades. Mis mejillas estaban cada vez más rojas. Nada tenían de misteriosos para mí los desconcertantes miasmas. Solo yo, en todo el autobús, sabía que el hediondo olor se debía a la presencia de guano de pingüino en el suelo, si bien, como es lógico, opté por no ilustrar a mis compañeros de viaje.

A mi lado Gabriela, como era natural, me atribuyó el horrendo olor, con todo lo que comportaba. Su mirada era una mezcla de desprecio y asco, pero era imposible explicárselo. ¿Qué podía decirle? ¿«No me eches la culpa a mí, que ha sido el pingüino»? De todos modos era demasiado tarde. El autobús ya estaba aparcando en su plaza. Además, por muy guapa que fuese no me atrevía a confiarle mi secreto.

Paramos, por suerte, y sin fijarme en qué había pasado, ni en la cantidad de guano que pudiera estar corriendo por el suelo, recogí mis pertenencias y hui, dejando por completo de pensar en Gabriela y en lo que pudo ser y no fue.

Desaparecí por una callejuela, y siguiendo las indicaciones llegué a una plaza muy acogedora, con hierba, árboles y bancos, la quintaesencia del espacio recreativo en una majestuosa —si bien algo venida a menos— ciudad colonial. Uno de los lados de la plaza lo ocupaba una magnífica catedral barroca. Para mis intereses, sin embargo, lo mejor de todo era el aire libre.

En las terrazas de los bares y los restaurantes se servían cafés y desayunos. Me senté y pedí lo mismo. Después examiné la bolsa de red tapada con papel y no vi ningún rastro de guano, salvo una pequeña marca. Moví la bolsa para proteger su contenido de miradas indiscretas. Al levantar un poco la tapa me alivió ver que Juan Salvador parecía de lo más contento. No se le apreciaban indicios de estrés. Tampoco intentaba escaparse, sino que me miraba, muy quieto.

«¿Falta poco?», preguntó sin el menor asomo de disculpa por su reciente desliz.

—Pero ¿qué estoy haciendo yo con un pingüino? —exigí saber—. ¿Te das cuenta de la vergüenza tan horrorosa que acabo de pasar, Juan Salvador?

Por su manera de mirarme estaba claro que mi suplicio no lo conmovía.

Respiré profundamente. Tenía que aceptar que a esas alturas ya no tenía remedio. La suerte estaba echada, ¿no? Eran hechos consumados. ¡Grabados en piedra! Mis propias palabras se burlaban de mí. «Contra viento y marea.» Pues nada, a seguir y aguantar. Además, pensé, peor no podía ser, ¿verdad?

—Ahora subiremos al barco. ¡Será muy divertido! Pero no más sorpresas, por favor, ¿de acuerdo? —le supliqué.

Como faltaba más o menos una hora para tener que estar en el puerto, tapé otra vez a Juan Salvador y me dediqué a disfrutar del desayuno mientras miraba a la gente. Me trajeron el café, que estaba hirviendo. Pronto noté que su calor me reanimaba.

En América del Sur la mayoría de los niños en edad escolar estaban acostumbrados, cuando no jugaban al fútbol, a hacer su aportación a los ingresos familiares, y de resultas de ello las ciudades eran verdaderas colmenas de limpiabotas. Esta situación tenía la ventaja de que todo el mundo llevaba los zapatos limpios, los muchachos disponían de dinero de bolsillo y las manos ociosas de algo en que ocuparse.

Uno de estos niños me vio y vino corriendo para sentarse en su caja de madera hecha a mano, con un asa de ingenioso diseño que al mismo tiempo servía para que los clientes apoyasen el pie. No acostumbraba a haber, por tradición, ningún intercambio verbal durante las transacciones. La manera que tenía el cliente de aceptar el contrato era poner el pie en la caja. Si consideraba que sus zapatos no necesitaban atención ignoraba al muchacho, que se alejaba en silencio sin que ni el uno ni el otro se sintieran ofendidos. Yo apoyé mi pie en la caja. El niño empezó a trabajar. Limpió vigorosamente el polvo, y a continuación, con una parsimonia que tenía su raíz en la necesidad, aplicó la menor cantidad posible de crema al cepillo y se puso a pulir y pasar la gamuza, supliendo la escasez de lustre con su esfuerzo muscular. Cuando los niños consideraban que se habían ganado la paga con el primer zapato, daban dos golpecitos en el pie del cliente con el dorso del cepillo, señal de que estaban preparados para el otro pie.

Mientras el limpiabotas trabajaba en mi segundo zapato, empecé a preguntarme cómo podía evitar una deposición de guano a bordo del barco en el que viajaría durante más de tres horas con Juan Salvador. Sentado en la plaza, bajo el sol de invierno, me sentí culpable de lo asqueroso que había dejado Juan Salvador el autobús. Me imaginaba a todos los policías de Montevideo buscando al portador del pingüino fantasma con la siguiente descripción en sus manos: «Un europeo rubio con chaqueta roja de esquí y pantalones vaqueros que lleva un pingüino en una bolsa de red». La verdad es que un poco llamativo sí que me sentía.

El niño volvió a darme unos golpes en el pie, en señal de que había acabado su trabajo. Me inspeccioné los zapatos y le puse unos pesos en la mano.

Normalmente los limpiabotas se iban enseguida. Como máximo dedicaban uno o dos minutos a cada cliente, cuyos zapatos rara vez necesitaban más tiempo, debido a la frecuencia con que eran limpiados. Tampoco discutían por dinero. Se limitaban a irse hacia la persona en quien veían más posibilidades. Aquel niño, sin embargo, rompió la tradición.

—Señor —dijo.

Miré hacia abajo, un poco sorprendido, como podría haber mirado el bedel a Oliver Twist.

—¿Lo de debajo de la bolsa es un pingüino? —Desde su perspectiva había reparado en las patas de Juan Salvador—. ¿Puedo verlo?

Después de comprobar que no hubiéramos llamado la atención de nadie más, levanté un poco la bolsa de papel para que pudiera echar un vistazo. Se miraron un buen rato en silencio, cara a cara, y tuve la impresión de que se producía un intercambio entre aquellos dos mundos trascendentes, el del niño y el del ave, en un lenguaje propio.

Al final se rompió el hechizo, y de entre los labios del niño salió la misma pregunta que me había hecho yo pocos minutos antes.

—¿Por qué lleva un pingüino? —preguntó.

¿Cuánto sabía? ¿Qué le había contado el pingüino? Intenté contestar.

—Porque… mmm… Pues porque… —Cada vez que empezaba se me secaban las palabras en la boca. ¿Por qué lleva un pingüino en una bolsa de red por el centro de Montevideo? Lo intenté otra vez—. Porque…

—Porque es usted inglés —me ayudó amablemente el niño con un gesto cómplice de la cabeza, que tenía un toque hasta profesoral.

Era una afirmación, no una pregunta.

—Bueno, da igual —dije yo, recuperando la iniciativa—. Ahora mismo lo que necesito es una bolsa de plástico resistente donde pueda meterlo. Si me la encuentras te doy cincuenta pesos.

Me miró a los ojos, y vi que hacía una comparación entre la cantidad de dinero que podía ganar con las personas cada vez más numerosas que acudían al trabajo y el tiempo que tardaría en encontrar una bolsa de plástico y ganarse el dinero. Fiel a la tradición, regateó.

—¿Lo dejamos en cien? —dijo.

Una sonrisa impertinente se abría paso por la suciedad de su cara de pillo. Ceder demasiado fácilmente contravenía las normas del regateo.

—Vale, pero con una condición: que me la traigas antes de que me acabe el café —le dije.

¡Ya le enseñaría yo quién mandaba! Se fue sin decir una palabra más, ni pararse más tiempo del necesario para echar un vistazo a mi taza.

Cuando acabé con pausa el desayuno quedé encantado de ver que el limpiabotas volvía corriendo por la plaza con una bolsa que cumplía los requisitos. Le di doscientos pesos, y él se marchó con una gran sonrisa.

El barco que efectúa el trayecto entre Montevideo y Buenos Aires proporciona al viajero que, inesperadamente y sin previo aviso, se ha encontrado en compañía de un pingüino tiempo más que suficiente para prever la posible reacción del personal de aduanas del otro lado de la frontera. De hecho, era tan ruidosa la embarcación, y tan accidentado el viaje, y estaban tan sucios los ojos de buey por culpa de los gases del motor, que a los pasajeros no les quedaba más remedio que pensar en sus cosas. Era casi imposible conversar (algo que en esta ocasión agradecí), así como leer. Contando con las privaciones sensoriales que infligía a los otros pasajeros el estrépito de los motores y las ráfagas de aire frío durante las tres horas que se tardaba en cruzar el Río de la Plata, analicé el siguiente obstáculo en potencia: reflexioné sobre la Naturaleza de los Pingüinos, y poco a poco se formó en mi mente una estrategia que se remontaba a la noche anterior, cuando había estado recordando a Euan McCree. Pasaría por el control de aduanas diciendo «nada que declarar», con Juan Salvador oculto, y luego, si por algún error de cálculo lo descubrían, explicaría que los pingüinos son aves migratorias y que lo único que hacía era repatriar aquel ejemplar argentino, el cual, por casualidades desafortunadas de la vida, se había lesionado y no hacía más que viajar conmigo mientras se recuperaba. Llegado el momento lo dejaría en libertad. A fin de cuentas era mi intención, preferible a dejarlo en el zoo de Buenos Aires. «Me imagino que una conducta tan humana —diría— no contraviene ninguna normativa.»

Con algo de suerte, subrayar el origen argentino del ave apelaría al sentimiento nacionalista del agente de turno, sentimiento que, según me había enseñado hacía poco la reyerta del bar, era básico en la psique del país. Mi esperanza era demostrar que no era culpable de ningún delito de bioterrorismo, ni tampoco justo que se me acusara de importación ilícita de especies exóticas. Más relajado ya con estas previsiones, me dispuse a permitir que una providencia benévola jugase sus cartas, aunque debo reconocer que tenía mis dudas.

Por aquel entonces el control de aduanas argentino no se diferenciaba mucho de los del resto del mundo. Hoy en día se concede más espacio a las personas, y se las trata con mayor respeto, pero en esos tiempos distaba mucho de ser un lugar agradable.

Yo ya tenía experiencia con los sórdidos despachos de aduanas del puerto de Buenos Aires. A mi llegada a Argentina solo me habían extendido un visado de visitante. Para conseguir un permiso de trabajo y residencia había que obtener el beneplácito del Departamento de Inmigración. Como es natural, los trabajadores extranjeros tenían que demostrar que sus conocimientos y sus habilidades eran superiores a los de la fuerza de trabajo local, y representaban un beneficio significativo para la nación. A mí, claro está, con toda la arrogancia de mi juventud, me dejó atónito el descubrimiento de que en mi caso ese permiso de trabajo no me sería concedido de manera automática.

Los solicitantes debían presentarse a la hora que les hubieran asignado, y con toda la documentación necesaria, en el departamento de permisos de trabajo del control de inmigración del puerto. Quien no hubiera sido atendido al término de la jornada debía volver a presentarse a la mañana siguiente, poniéndose al final de la cola. Y así día tras día.

A pesar de que el nivel de vida de la Argentina de entonces pudiera parecerles bajo a los habitantes de países más desarrollados, para los pobres de los países vecinos del norte resultaba muy deseable, por lo que siempre había un gran número de candidatos haciendo cola en el puerto. Argentina, sin embargo, no quería trabajadores extranjeros sin formación, e intentaba disuadirlos haciendo que el proceso de solicitud fuera algo enrevesado, lento e incómodo.

Había maneras de paliar los horrores del control de inmigración. A los profesionales que pudieran demostrar que tenían una oferta de trabajo de una empresa argentina se les dispensaba un trato preferente. La empresa en cuestión podía mandar a otro empleado en su lugar, con los papeles necesarios, para pedir cita. Lo que sí tenía que haber, en cualquier caso (¡salvo en el de un soborno!), era alguien que hiciera cola en el puerto.

Para los menesteres de facilitar el proceso de solicitud a sus empleados, el internado recurría a un inglés jubilado nacido en Argentina, un tal Geoff, que a cambio de una pequeña suma no tuvo reparos en hacer cola con mi pasaporte durante unos cuantos días en la Oficina de Control de Inmigración, a fin de concertarme una cita. Bastaba con ser perseverante para conseguirlo. Casi toda la cola me la hizo el animoso Geoff, salvo en algunas ocasiones en que no pudo acudir y tuve que estar yo. Entre ambos hicimos un total de unos diez días de tediosa cola, repartidos por otros tantos meses, hasta que finalmente me estamparon un permiso de trabajo en el pasaporte.

Esta vez, llegado al puerto, sentí cierto nerviosismo al penetrar en el enorme vestíbulo y sumarme a la cola de «Entrada». Cuando le enseñé al primer agente libre de inmigración mi pasaporte y mi visado, me dirigió a las decenas de colas que esperaban a que las atendieran los agentes de aduanas. Cientos de pasajeros avanzaban lentamente hasta depositar todas sus pertenencias encima de una mesa, frente a los agentes, que a la vez que les hacían preguntas controlaban su equipaje. Mientras tanto pasaban sin cesar soldados armados que observaban y supervisaban la labor de los funcionarios, como una muestra más del puño de hierro de la ley marcial que regía en el conjunto del país tras el reciente golpe militar.

Yo tenía la garganta seca, pero confiaba en mi argumentación, que había ido practicando. Por otra parte, a esas alturas ya había convertido en todo un arte avanzar a paso de caracol con Juan Salvador a mis pies. Me movía como un padre pingüino, y él solo tenía que deslizarse ante mí. ¡Qué fácil!

Puse mi mochila en la mesa, que me llegaba a la cintura, y me enfrenté al agente asignado por la providencia. Un joven elegante y cordial, con uniforme, me saludó con un cortés «buenos días», pero no tuve tiempo ni de contestar, porque en ese momento se acercó otro agente tocándose el reloj.

—Gracias —dijo el primero a su relevo, y se marchó.

¡Qué horrendo cambio en mi fortuna! Muchas gracias, destino. El nuevo agente, un hombre grueso y mofletudo, tenía la mandíbula inferior exageradamente grande para su cabeza. Su uniforme pardo estaba descuidado. Llevaba el primer botón de la camisa desabrochado, única manera de que le cupiese, y la corbata floja. No se le despegaba del labio inferior un cigarrillo liado a mano que se le había apagado. Su bigote, canoso, presentaba manchas de nicotina, y a juzgar por los pelos grises de la barbilla llevaba dos o tres días sin afeitarse. Unas gafas de espejo, de montura gruesa, impedían ver sus ojos. De entre todos los agentes, ningún otro me habría dado tan malos presagios.

—¿Algo que declarar? —inquirió.

—No —contesté a mi reflejo en las gafas.

—¿De dónde viene? —preguntó él sin el menor esfuerzo de afabilidad.

—De pasar una temporada en Uruguay.

Debí de parecerle uno de tantos viajeros europeos sin el menor interés, porque me hizo una señal con la cabeza para que siguiera. Yo recogí la mochila y avancé. ¡Había pasado! ¡Qué dicha! ¡Qué alegría! No podría haber sido más fácil. ¿Por qué me habían estropeado la tarde tantas dudas? De pronto el agente me pareció no solo normal, sino un verdadero ángel.

Pero me había precipitado al celebrar mi victoria. A día de hoy aún no sé si es que de alguna manera mi euforia se contagió a Juan Salvador o simplemente le pisé algún dedo. El caso es que justo cuando daba un suspiro de alivio Juan Salvador emitió el primer sonido que le había oído hacer. De la bolsa de papel brotó un graznido fuerte y penetrante compuesto por tres sílabas muy nítidas.

De un segundo a otro el rumor de cientos de conversaciones dejó paso al más absoluto silencio, y todos los presentes se giraron para ver de dónde procedían las insólitas notas. Mientras el silencio adquiría un cariz más amenazador, sentí el calor de todas sus miradas: cientos de pares de ojos enfocados en mi cara, que había empezado a sonrojarse. De repente todos se interesaban por mis pertenencias, encantados con la distracción, alimentando la esperanza de que los agentes, distraídos por mi turbación, pasaran por alto los oscuros secretos que ocultaban ellos, los otros pasajeros. Me imaginé que a mis espaldas todos los guardas armados quitaban el seguro de sus armas y sacaban sus esposas.

—¿Qué demonios ha sido eso? —me espetó mi agente, muy alerta al oler sangre.

Apoyado en la mesa, se fijó en la bolsa que había intentado esconder en el suelo.

—¿El qué? —dije para ganar tiempo.

—¡Lo de la bolsa que intenta esconder!

—¡Ah, eso! —dije—. Nada, un pingüino. ¡Yo no intento esconder nada!

Hacía todo lo posible por que se me viese tranquilo y natural, aunque estuviera lejos de sentirme lo uno o lo otro. Por muy bochornoso que hubiera sido el incidente del autobús, aquello era muchísimo más grave.

—¡No se pueden meter animales en Argentina! ¡En este país es un delito grave pasar ganado de contrabando!

Yo, que llevaba ensayada mi argumentación, empecé a explicarle educadamente que los pingüinos, lejos de ser «ganado», eran aves salvajes y migratorias, las cuales, en consecuencia, se movían por la costa de Argentina y Uruguay, e incluso hasta Brasil, sin permiso de nadie. La razón de que aquel pingüino en concreto usara aquel puerto en concreto para su regreso a Argentina se debía tan solo a una desafortunada lesión que requería que viajase conmigo a título provisional. Expliqué que una vez recuperado podría seguir migrando a su libre albedrío.

No me atrevía a dejar de hablar, por miedo a lo que sucedería. En circunstancias normales jamás se le habría pasado por la cabeza a aquel pingüino importunar a los agentes de aduanas de la república. Por otra parte era imposible que lo mío fuera un delito de contrabando, ya que se trataba de un pingüino argentino, y como tal lo único que hacía era repatriarlo. (De aquella frase estaba muy contento, y seguro de que funcionaría especialmente bien; cosa que por supuesto no sucedió.)

El agente escuchó mi argumentación con cara de palo. Se notaba que no comprendía el rigor impecable de mi lógica, porque siguió con la misma expresión avinagrada, mientras se me ocurría la escalofriante posibilidad de que el gobierno militar que desde hacía poco detentaba el poder no captara del todo los matices del hábeas corpus de los pingüinos. La verdad es que en aquel momento tampoco estuve muy seguro de su aplicación a las personas.

—Acompáñeme —dijo el agente mientras se iba a una sala privada y me hacía señas de mal augurio con su grueso índice.

Recogí la mochila y la bolsa de Juan Salvador y le seguí, presintiendo lo peor. Cerró de un portazo. La pequeña sala de interrogatorio olía mal. Sus paredes macizas la aislaban de cualquier sonido.

—Enséñemelo —dijo.

Puse a Juan Salvador sobre la mesa y retiré la bolsa de plástico. Juan Salvador me miró a mí, y después al agente.

—Pero ¡si es un pingüino de verdad! —dijo.

Parecía sorprendido.

—Sí, ya se lo he dicho. Son aves migratorias, y supongo que no suelen pasar por la aduana. Este pingüino argentino solo está conmigo porque se recupera de un accidente.

Se hizo un silencio incómodo, durante el que el agente nos miró y pensó.

—¿Está seguro de que es un pingüino argentino? —preguntó, no muy seguro, mientras se agachaba para mirar directamente a Juan Salvador—. Sería diferente, claro.

—¡Sí, sí! —dije yo con énfasis—. Sobre eso no hay ninguna duda. Salió del huevo cerca de Río Gallegos. —Se trata de una localidad del extremo sur de la Argentina continental—. Fíjese en las marcas. Es que soy experto en pingüinos —dije, marcándome un farol con la suprema confianza de saber que no sería Juan Salvador quien pusiera el grito en el cielo por aquella mentira tan flagrante.

El agente de aduanas miró unos segundos al pingüino, acariciándose la barbilla.

—Mmm —dijo.

Juan Salvador sostuvo su mirada, pero sin mover la cabeza de un lado a otro con curiosidad. Lo hizo de frente, con hostilidad. Al principio el agente parpadeó. Después pareció llegar a una conclusión.

—Ya… ahora me doy cuenta… claro —dijo.

Después de una rápida comprobación, con la que se aseguró de que la puerta estuviera bien cerrada, se inclinó sobre la mesa y acercó su cara a la mía.

—¿Tiene dólares? —susurró entre dientes con una sonrisa

horrible y otra mirada furtiva por encima del hombro, mientras se frotaba el índice con el pulgar, haciendo un gesto conocido en todo el mundo.

Lo entendí de golpe. Claro. Ni yo había infringido una ley o normativa, ni a él le importaba el pájaro. Solo quería un soborno, y pensaba que asustándome podía conseguir unos cuantos billetes. La verdad es que yo llevaba encima alguno de los verdes, pero no pensaba pagarle a cambio del privilegio de cuidar un pingüino que tantos problemas me había dado. Encima él acababa de quitarle mucha fuerza a su postura, en beneficio mío. ¡Jaque mate! Por una vez tenía las de ganar. Retrocedí uno o dos pasos, como si estuviera asqueado.

—¿Cómo se atreve a pedir un soborno? —dije con toda la ampulosidad de la que era capaz un hombre de veintitrés años—. ¡Me quejaré a las autoridades! ¿Dónde está su superior?

Sabía que la amenaza de una protesta ante el ejército, tan poco tiempo después del golpe de Estado, despertaría alguna reacción. Me giré y fui hacia la puerta.

—¡Quédese con el pájaro! ¡Cuídelo usted! —dije, mirando por encima del hombro—. Le gustan los espadines. En cantidad. ¡Ah, y yo que usted no acercaría los dedos a su pico!

Antes de llegar a la puerta oí una orden gutural y amenazadora.

—¡Alto! ¡No dé un paso más, señor!

¿Estaría desenfundada la pistola? ¿Y si había cometido un grave error, y esta vez había llegado demasiado lejos? Me detuve bruscamente y empecé a volverme muy despacio. El agente se había alejado del pingüino, que seguía en la mesa. Ahora tenía las manos en la espalda.

—¡Llévese el pájaro! ¡Aquí no puede dejarlo! —dijo, y añadió con una sonrisa obsequiosa—: No hace falta que se lo explique a nadie, ¿verdad que no?

Recogí a Juan Salvador y desaparecí entre la multitud antes de que el agente pudiera cambiar de idea, o mencionar el guano que había quedado en la mesa de la sala de interrogatorios.

El siguiente tramo del viaje (del puerto al metro, del metro a la estación de trenes de Constitución y luego a Quilmes por las vías del FCNGR) duró menos de una hora y estuvo libre de percances. Solo quedaba un cuarto de hora en autobús para llegar a casa.

Saludé cordialmente a los vigilantes de la entrada del internado, afectando la máxima normalidad, y tras prometer que ya les contaría mis aventuras después de un buen baño fui rápidamente a mi piso con la esperanza de no encontrarme con nadie.

¡Cómo suspiré de alivio al cerrar la puerta del apartamento y meter a Juan Salvador en la bañera! Teniendo en cuenta que se había pasado todo el día en una bolsa de red, presentaba bastante buen aspecto.

—¡Bueno, ya estamos en casa! —dije, mientras Juan Salvador lo miraba todo. A quien no miraba era a mí—. ¿Qué te pasa?

«¡Río Gallegos, dice! ¡Pues que sepas que salí del huevo en las islas Malvinas!», fue la respuesta, inconfundiblemente.

—¡Me tienes harto! —contesté—. Ya me has dado más problemas en un solo día de lo que mereces. ¡Basta! Por cierto, ¿a qué han venido los graznidos en la aduana? ¡Primero me matas de vergüenza en el autobús, y luego casi me arrestan por tu culpa!

Finalmente se giró hacia mí, con una expresión capaz de derretir al más pintado, y sonreí, porque a pesar de todo, de los vientos y las mareas, me lo había llevado a Argentina.

«¡Río Gallegos, dice!»

6

¡Abre esa boquita!

En que salgo de compras y obtengo mucho más de lo esperado

Froté el pecho de Juan Salvador. Su prominente esternón parecía afilado como un cuchillo. Me pregunté desde cuándo no comía. Si me daba algo de prisa encontraría abierto el mercado. Saqué de mi escondite unos miles de pesos en billetes y salí para Quilmes. Cogí la bicicleta, hinché las ruedas (precaución necesaria antes de cualquier desplazamiento) y en un pispás estaba de camino.

En los seis meses transcurridos desde mi llegada no había tenido más remedio que hacer un curso acelerado de supervivencia en una economía donde la inflación era dramática.

En el aeropuerto internacional de Ezeiza me había recibido mi nuevo jefe, el director de St. George, que me había llevado al internado en uno de los Ford Falcon que se veían por toda la ciudad, y de camino me había saturado de información sobre la historia, la geografía y la economía argentinas. Así, entre otras cosas, me enteré de que iban a darme un adelanto de mi sueldo. Después de comer el intendente me llevó a su despacho y me dio un millón y medio de pesos en billetes nuevos (impresos en Londres, observé, por De La Rue). Luego me dijo que me fuera al pueblo aquella misma tarde y comprara todo lo que pudiera hacerme falta.

En la época de la construcción del internado Quilmes era un barrio bien de las afueras de Buenos Aires, pero todo son modas, y desde entonces se habían vuelto más deseables los barrios del norte. Ahora en Quilmes se respiraba cierto abandono. La gruesa capa de cemento de las calles se había resquebrajado en grandes losas que parecían placas de hielo. Entre los postes eléctricos, los cables se trenzaban como si anduviesen a la greña, y las tapas de los registros adoptaban ángulos extraños por encima del asfalto. Como todas las localidades argentinas, Quilmes se componía de manzanas de cien por cien metros con las esquinas achaflanadas (y a menudo con puertas), para evitar que confluyesen los muros en ángulo recto.

Saltaba a la vista que algunos edificios eran tiendas, pero otros presentaban un aspecto más ambiguo, con persianas metálicas infranqueables que protegían puertas y ventanas, y formaban parte indisociable de ellas. Este detalle los hacía muy seguros, pero no demasiado atractivos. En todas las manzanas había un taller mecánico o un desguace donde se amontonaban electrodomésticos, motocicletas y fragmentos diversos de metal y goma, o trastos que se desparramaban por la calle desde la oscuridad del interior. Siempre había trabajadores sucios y con mono ocupados en fumar y charlar.

¿Cómo iba a gastarme un billete de cien mil pesos? ¿Cuánto valía? Lo indispensable para los primeros días lo llevaba en el equipaje de mano. Lo demás llegaría por mar. No me constaba que me hiciera falta nada más. Tampoco sabía cómo gastar el dinero.

Fue toda una sorpresa descubrir que no sabía nada práctico. A mi ignorancia absoluta sobre los precios se sumaba el no saber calcularlos. ¿Cuánto hay que contar para una cerveza, si en el bolsillo llevas un millón y medio de pesos en billetes? El tipo de cambio sí lo sabía, pero lo cierto es que no me servía de gran cosa. Los productos manufacturados eran mucho más caros que en mi país, mientras que la mano de obra era barata. Los profesores podían permitirse tener criada, cocinera y jardinero, pero casi nunca podían plantearse la compra de un coche.

Así que mi primera tarde la pasé explorando el barrio de Quilmes. Almorcé. Hasta ahí fue fácil: en la entrada del restaurante había una carta y una lista de precios, y salí con calderilla en el bolsillo. Compré cerveza, algo de fruta, café y leche, y volví al internado a la hora del té.

Por la tarde vi otra vez al intendente.

—¿Qué, ya se ha gastado todo el dinero? —preguntó.

Reconocí que no, porque no sabía lo que quería. Él se puso hecho una fiera. Por lo visto había cometido un pecado capital.

Me explicó que daba igual lo que quisiera. Tenía que comprar todo lo que pudiese y luego, en el internado, hacer pública una lista de lo que tenía y negociar por ella. Dijo que el segundo día quizá solo me diese para la mitad, porque la inflación estaba en el 100 por ciento mensual.

Me pregunté por qué no me lo había explicado bien desde el

principio. Ya me había parecido alguna vez que el fuerte de los intendentes no era la comunicación.

Al día siguiente lo primero que hice fue salir a gastar. Estaban abiertas relativamente pocas tiendas, y todas con precios que variaban sin cesar. En general los dueños solo las abrían si necesitaban dinero en efectivo o estaban seguros de poder renovar la mercancía.

Los encargados de los súpers iban cambiando los precios sin parar, pero no un 3 o un 5 por ciento al día, sino multiplicándolos por dos cada par de semanas. Los precios que fueran demasiado altos ya se ajustarían por sí solos, porque en los siguientes días les daría alcance la inflación. Se daba el caso, incluso, de que el personal cambiara los precios de lo que ya estaba en las cestas de la compra, y a veces hasta en el momento de pagar la cajera miraba la etiqueta y decía: «¡Hoy esto vale el doble!». Podías llevártelo, dejarlo o intentar regatear, a veces con suerte.

Me compré unos vaqueros que no me iban bien y unas camisas que nunca me pondría. También juegos de café y pasta de dientes. Compré cantidades absurdas de cubertería barata con los mangos de bambú pulido, en estuches de plástico con cremallera, de un horrendo color verde. (¡No para uno, sino para doce, por si no fuera bastante absurdo comprar un solo juego de cubertería barata con los mangos de bambú pulido, en estuches de plástico con cremallera y de un horrendo color verde!) Compré artículos de ferretería, y rollos de tela, y carretes para cámaras que no tenía. Compré espirales antimosquitos para toda la vida.

La cuestión es que logré gastarme casi todo mi dinero, y que más tarde revendí la mercancía sin ningún esfuerzo, incluida la atroz cubertería, que (para mi extrañeza) fue adquirida por el intendente.

No tardé mucho tiempo en descubrir que como extranjero podía comprar cheques de viaje americanos, en dólares, y que gracias a ello no tendría que salir cada mes para una absurda expedición de compra. Otra consecuencia de la inflación era que los empleados tenían que cobrar por ley a mitad de mes. Lo habían establecido así para proteger a los trabajadores, con el argumento de que en épocas de mucha inflación no tenía sentido que los patronos tuvieran la ventaja de pagar a mes vencido.

Había algo aún mejor, y era que las vacaciones tenían que pagarse el último día laborable antes de que empezaran, es decir, que nos pagaban todo el receso estival a principios de diciembre, porque en Argentina el verano va de diciembre a febrero; y si ya era una suerte cobrar tres meses por adelantado, en diciembre, cuando fui a buscar el sueldo a la administración, vi que me habían dado lo equivalente a cuatro. Pregunté y me dijeron que iba incluido el aguinaldo.

—¡Ah, claro! —dije para no parecer más tonto de lo necesario.

Luego fui a preguntarles a los otros extranjeros qué era eso del aguinaldo, y me dijeron que era una paga extra de Navidad.

Eva («Evita» Perón, la segunda esposa de Juan Perón, que en la década de 1940, durante el primer mandato de su esposo, tuvo una influencia política desorbitada) había desempeñado un papel decisivo en la implantación de una serie de reformas económicas que, como aquella, pretendían beneficiar a los trabajadores. Nada tenía de extraño que la venerasen sus «descamisados», como llamaba a los obreros en unos discursos electrizantes en público y por radio que ganaban a la causa peronista el apoyo de los pobres y «oprimidos». Por desgracia la catástrofe financiera de aquel gobierno había acabado por perjudicarlos más de lo que les había parecido en su momento.

Durante mi estancia en Argentina quedé fascinado por la inflación. Había gente que se había acostumbrado y encontraba maneras de sacarle provecho mientras el gobierno peronista mantenía tipos bajos de interés. Los propietarios de casas me explicaban con orgullo que se habían hipotecado para comprarlas, y que ahora, pasados pocos años, las cuotas equivalían a lo que costaban dos cervezas, y el mes siguiente quedarían reducidas a la mitad. Yo sabía que a cambio tenía que haber gente que saliera perdiendo, porque en principio la inflación era una enfermedad para la economía, pero tardé un poco en comprender del todo el mecanismo.

Al llegar al mercado me alivió ver que el pescadero estaba bien surtido de espadines. Hice cola, impaciente, con los ruidos gástricos de Juan Salvador en la conciencia. Mi predecesora en la fila, una mujer mayor vestida de negro de los pies a la cabeza, cuya actitud y mal genio habrían sido dignos de un bulldog con dolor de muelas, tenía problemas con el precio del pescado del día. No es que yo no la entendiera, pero en lo que pensaba era en pingüinos.

La inflación era tan galopante que hacía poco se había tomado la decisión de «revalorizar» el peso argentino. Algo parecido se había hecho en Uruguay, con el resultado de que ahora había un «nuevo» peso uruguayo valorado en mil de los antiguos. Como todos los precios eran múltiplos de mil, o de diez mil, o de cien mil, era fácil dividir por mil. Solo había que quitar el «mil». En consecuencia, una cerveza que había costado diez mil pesos «de los antiguos» después del cambio pasaba a costar diez «de los nuevos». Lo entendía todo el mundo, y la transición no había dado problemas.

Argentina, sin embargo, poco dispuesta a dar la impresión de que imitaba a su pequeño vecino del norte, optó por el caos, rechazando el sentido común. Un peso nuevo solo valía cien de los viejos. La mujer mayor que se interponía entre mí y los espadines de Juan Salvador era la última víctima de lo que se estaba convirtiendo a pasos agigantados en un pandemónium general. A mucha gente le costaba dividir los precios por cien. La cerveza que en pesos argentinos «de los viejos» había costado diez mil ahora costaba cien «de los nuevos», lo cual no era tan fácil de calcular mentalmente, sobre todo después de salir y tomarse unas cuantas. Lo peor fue que a alguien se le ocurrió la brillante idea de reimprimir billetes ya existentes con nuevos valores, y tal como se hizo no eran legibles ni el número nuevo ni el antiguo.

El pescadero no escatimaba esfuerzos para tranquilizar a la mujer, diciéndole que los nuevos precios eran correctos, y que nadie pretendía estafarle los ahorros de toda una vida. El hecho de que él tampoco lo tuviera del todo claro, y discutiera con otros clientes de la cola sobre cómo convencer a la señora, no contribuía a mejorar la situación. Se nos iba a ir la noche, era evidente. Yo me moría de ganas de volver y dar de comer a Juan Salvador. ¡Demonios! Estaba a punto de gritar de frustración, pero me controlé bastante para conformarme con unos murmullos discretos (o que me lo parecieron) en inglés.

—Pero, bueno, ¡por Dios! ¡A ver si movemos el culo, maja!

La señora dejó de hablar al momento y, echando chispas por los ojos, se encaró conmigo y me dio varios golpes en el pecho con su bolso negro, a la vez que se le caía el chal. Incluso cuando quise recogerlo me seguía pegando.

—¡Oiga, joven! —dijo con un tono de absoluta superioridad y refinamiento—. ¡Cómo se atreve a hablarme así!

Pero ¡qué bochorno! Era como si a los diez años me hubiera sorprendido mi abuela diciendo palabrotas, y eso que yo no lo había dicho con ninguna mala intención.

Solo más tarde comprendí lo que debería haber contestado: «Señora, por favor, le ruego disculpas por tan imperdonable incorrección». Y luego, con un gesto lleno de desenvoltura, debería haber insistido en pagarle el pescado, en compensación por las molestias. En aquella ocasión, sin embargo, la vergüenza no me permitió tener el necesario *savoir faire*, aunque lo reservo para la próxima vez en que la buena señora esté indecisa delante de mí en la cola.

Cuando volví, Juan Salvador me dio la bienvenida correteando por la bañera. Era un pájaro muy inquisitivo, que se irguió cuan alto era para ver qué traía.

«¿Qué, qué llevas en la bolsa de la compra? ¡Enséñamelo!»

Dejé la bolsa de espadines en el lavamanos, y luego me senté en el borde de la bañera para tomar un pez por la cola y agitarlo delante de Juan Salvador. Viendo que no se daba cuenta, le di un golpe de espadín en el pico e intenté balancearlo ante sus orificios nasales.

Cerró los ojos y sacudió rápidamente la cabeza con un escalofrío de asco, a la vez que escondía el pico en el pecho en señal de repulsa.

«¡No! ¡Llévate esa cosa tan fofa y asquerosa, que yo solo como peces!», decía con la misma claridad que si lo hiciera con palabras.

Estaba muy claro que no le interesaban aquellos espadines. ¿Qué podía hacer? Como no comiera pronto le quedaría poco tiempo de vida. ¿Podía alimentarlo a la fuerza?

Le sujeté la cabeza con una mano y metí el pulgar y otro dedo en las comisuras del pico, para que lo abriese. En cuanto pude le introduje el pescado en la boca, la mantuve cerrada para que notara el sabor del espadín y solté a Juan Salvador. Una violenta sacudida de la cabeza del pingüino hizo que el espadín saliera volando por el cuarto de baño y estuviera a punto de chocar conmigo. Se estampó en la pared y resbaló hasta el suelo. El único movimiento de Juan Salvador fue limpiarse el pico en el pecho. En ningún caso se mostró asustado, ni de mí ni de mis actos. Empezó a acicalarse con esmero y dignidad irreprochable.

Lo intenté otra vez sin darme por vencido. Sujetando su cabeza, metí en su boca (a mayor profundidad) otro pescado, que a consecuencia de otra brusca sacudida sufrió la misma suerte que el primero. Juan Salvador me observó con atención.

«¿Qué pasa, que en el mercado no tenían peces?»

—Son peces, Juan Salvador.

«No. Los peces se mueven, viven en el agua y nadan. ¡Aunque yo nado más deprisa! ¿Eso tampoco lo sabes?»

Después del bochorno, las molestias y los sobresaltos del día anterior yo me negaba a darme por vencido, así que hice otro intento. Sujetando en alto su cabeza y abriéndole el pico, le metí otro pescado en la boca, pero esta vez lo empujé hasta el fondo de la garganta; de hecho se lo embutí con un dedo en el esófago. Acto seguido solté su cabeza y lo observé. Sus pequeños ojos, tan saltones de costumbre, se habían cerrado. Ya no respiraba. ¿Y si me había equivocado y le había metido el pescado por la tráquea? ¿Moriría atragantado por un espadín? ¿Podía hacerse la maniobra de Heimlich con un pingüino? ¿Era posible sacar un pescado de esas profundidades? Le hice un masaje en la garganta, para animarlo a que tragase. Debajo de las pestañas, los ojos de Juan Salvador habían adquirido una concavidad muy peculiar, como si se hubiera hecho el vacío dentro de su cabeza. Me sentí alarmado. Él seguía sin moverse, con los ojos muy cerrados. Pasaron varios segundos. Luego empezó a bambolearse, y justo antes de que yo intentara sacar el pescado tragó. Vi que el bolo se movía por el cuello. Abrió los ojos y recuperó la normalidad.

Respiré profundamente y me sequé el sudor frío que se había formado en mi frente. Juan Salvador no se había resistido, ni había intentado apartarse, ni había protestado de ninguna manera que me resultase a mí identificable. Me observaba muy quieto, primero con el ojo izquierdo y después con el derecho, mientras comprendía lentamente. Ya no se limpiaba el pico en el pecho con la vista hacia abajo. Ahora sus ojos me miraban, brillantes: izquierdo, derecho… Posó la vista en el lavamanos, y después en mí, y con la misma claridad que si tuviera el don del habla expresó lo siguiente:

«¡Ah! ¡Espadines! ¡En la bolsa azul y blanca! ¿Y por qué me los agitabas delante de la nariz? ¿Qué te crees, que dentro del agua huelen? Habrase visto... ¿Quedan más? Pero ¡qué hambre, por Dios! ¡Venga, venga, que hace días que no como! ¿Qué pasa, que ya no te acuerdas?».

Tomé otro pescado por la cola y lo dejé colgando sobre su cabeza. En menos que se dice «Juan Salvador» me lo arrancó de los dedos y se lo tragó entero. Yo aparté los dedos bruscamente, en respuesta a su arremetida y al chasquido seco con que se cerró su pico. Tan cerca de aquellas mandíbulas no había segundas oportunidades.

Una vez que empezó, Juan Salvador quiso recuperar el tiempo perdido. Engullía los pescados a tal velocidad que casi no me daba tiempo de dárselos. Intenté ofrecerle uno con la cola por delante, para ver qué hacía, pero no le presentó dificultad alguna. Lo capturó de un solo movimiento, le hizo dar la vuelta, lo pilló por la cabeza y se lo echó al gaznate, como los demás. Durante los siguientes diez minutos desapareció por su garganta toda la bolsa de pescados, y su barriga se abultó visiblemente. Hasta se comió los dos del suelo. Yo, entre espadín y espadín, le pasaba los dedos por el plumaje, para limpiárselo y fomentar la recuperación de plumas impermeabilizadas (o eso esperaba).

Por la noche cerré la puerta del cuarto de baño y me acosté más esperanzado que en cualquier otro momento desde que había encontrado a Juan Salvador en la playa, el día anterior. Por la mañana me alegró su aspecto saludable, y ver que se apartaba del guano convenientemente depositado cerca del desagüe.

«¡Oye, que tienes que limpiar tu bañera!», daba a entender su mirada imperiosa.

Después de desayunar hinché los neumáticos, me monté en la bici y volví al mercado, donde me alegró constatar que el pescadero aún tenía espadines en abundancia. Le sorprendió, eso sí, que quisiera tan pronto un kilo más.

—Es para el pingüino —dije.

—¡Ah, claro! Qué tonto. Cómo no lo había adivinado. ¿Volverá mañana, entonces? —dijo con una gran sonrisa, que se apagó al oír mi respuesta.

—¡Por supuesto! Preveo que a partir de ahora compraré cada día espadines.

Para el desayuno Juan Salvador no consiguió pasar de dos docenas, pero, como cada una de mis visitas iba acompañada de unas cuantas más, al final del día se había pulido su segundo kilo de pescado, y quedó despejada cualquier duda que pudiera albergar yo sobre el estado de sus vísceras. Tenía instalado en mi bañera un fabricante de guano muy eficaz.

7

Arriba y abajo

En que Juan Salvador toma posesión de su nuevo hogar
y organiza una fiesta de inauguración

Por un lado, los preparativos para la vuelta de los alumnos me daban mucho trabajo; por el otro, cuatro comidas al día en el comedor de solteros estructuraban mi vida cotidiana. De hecho, fue durante la primera cena desde mi regreso cuando pregunté por las costumbres de los pingüinos a los pocos colegas que ya habían vuelto de sus vacaciones, so pretexto de haber visto algunos a lo largo de mis viajes. Tenía la esperanza de que no adivinasen el verdadero motivo de mi curiosidad. A esas alturas aún no estaba dispuesto a revelar que tenía un inquilino en mi apartamento.

A pesar del entusiasmo de algunas de las respuestas, no me enteré de nada útil que no hubiera descubierto con la ayuda de Juan Salvador. Tampoco encontré nueva información en los estantes de la biblioteca, donde fui a consultar libros sobre la fauna local. Lo que sí corroboré, y me tranquilizó sobremanera, fue que los pingüinos podían sustentarse sin problemas solo a base de peces.

Los muchachos se alojaban en tres grandes edificios de tres

plantas situados en la esquina sur del campus, cada uno de los cuales tenía cabida para unos setenta. A los de entre trece y dieciséis años les correspondían dormitorios y salas comunes, mientras que los mayores dormían en estudios. Cada residencia estaba a cargo de un director y dos ayudantes. Yo, como soltero que era, ocupaba uno de los apartamentos para el personal que formaban parte integrante del edificio. La vivienda del director estaba adosada a un extremo.

Mi apartamento estaba en la segunda planta; tercera, para los americanos, sean del norte o del sur, pero en todo caso la última, a la que se llegaba por dos tramos de escaleras. Por la puerta de al lado se accedía a una azotea que quedaba sobre la vivienda del director. Era una terraza de unos tres metros cuadrados, con una baranda de cuarenta y cinco centímetros de altura (¡aproximadamente, por casualidades de la vida, la estatura de un pingüino de Magallanes!). El suelo de la terraza era de baldosas y estaba un poco inclinado para no retener el agua. Había una mesa, sillas y una manguera para limpiarlas. Por lo demás la azotea era bastante espartana. La puerta en cuestión era el único acceso. Cuando estaba cerrada no había otra salida, ni para los pingüinos ni para las personas.

El día posterior a mi regreso al internado saqué a Juan Salvador a la azotea mientras me bañaba antes de desayunar, y cuál no sería mi consternación al reparar en que el esmalte del fondo de la bañera, donde había estado el guano, ya no era una superficie lisa y vítrea sino rasposa, y en algunos puntos bastante abrasiva. Me sorprendió mucho el estropicio. ¡Tendría que guardarme de sufrir un resbalón, por miedo a las heridas! Por otra parte, decidí no tocar el guano con los dedos y evitar que entrase en contacto con mi piel. Si corroía tanto el esmalte de la bañera, prefería no pensar en el efecto que tendría en los tejidos humanos. ¡Suerte que Juan Salvador no había estropeado el cuarto de baño de los Bellamy!

Había llegado el momento. Tenía que hablar de Juan Salvador con el personal del internado. Saltaba a la vista que no estaba a punto de morirse, sino todo lo contrario: su dieta a base de espadines del mercado de Quilmes le sentaba muy bien, y se mostraba la mar de satisfecho de vivir a mi costa. No parecía que buscase maneras de escapar, ni que anhelase estar con otros pingüinos. Esto último mitigó mi preocupación por su bienestar. La verdad es que se hacía querer por su conducta amistosa, entusiasta e inquisitiva. Desde el episodio de la aduana no había vuelto a emitir ningún sonido, pero yo no podía fiarme de que no se repitiera, así que juzgué necesario tomar la iniciativa. No quería dar la impresión de que estaba escondiendo un pingüino, o de que tenía mala conciencia por tenerlo en el internado.

Después de desayunar fui al cuarto de costura en busca de quien prometía ser mi máximo aliado.

—María, necesito que me ayudes —dije tras los cumplidos de rigor en cualquier principio de curso.

—Por supuesto, señor. ¿Qué quiere que haga?

—Mira, María, es que he encontrado un pingüino herido y se me había ocurrido que podrías... —empecé a decir.

—¿Que ha encontrado un pingüino? ¿Aquí, en el internado?

—¿Tienes un momento?

María era la gobernanta, y llevaba todo lo tocante a la limpieza, tanto de los edificios como de la ropa. Trabajaba en St. George desde los trece años, y ya había cumplido los setenta. La colada la hacían a mano mujeres de todas las edades que vivían en el barrio y venían a diario a trabajar. Con el paso de los años María había adquirido cada vez más responsabilidades, hasta convertirse en la empleada de mayor antigüedad y ser recompensada con el puesto de gobernanta. Mandaba sobre todas las mujeres de la limpieza y todas las lavanderas. Dado que oficios como el suyo no tenían derecho a pensión, no le quedaba otra que seguir trabajando hasta morirse o hasta que no se lo permitiera la salud, momento en que se vería obligada a depender de la caridad ajena. Jubilarse no podría, porque sus ahorros nunca acumulaban valor.

Conocer a personas como María me instruyó sobre los perdedores de una economía inflacionaria. A los pobres, los «descamisados», se los recompensaba con dinero que se devaluaba enseguida, dejándolos con las manos vacías. Los beneficiarios eran los «ricos», porque de resultas de la mano de obra que pagaban con dinero carente de valor veían mantenido o incrementado el de sus bienes. No cabía duda de que la inflación estaba transfiriendo cantidades ingentes de riqueza desde las masas pobres a unos pocos ricos. Eran María y los miles de «descamisados» como ella quienes pagaban a todos los efectos el coste real de las elegantes mansiones de los alrededores de Buenos Aires.

Mi intrigante revelación había despertado la curiosidad de María, que hizo enseguida un paréntesis en sus actividades para seguirme a mis aposentos.

Medía poco más de un metro cincuenta y cinco, tenía un pecho enorme, sufría un calvario por culpa de la artritis y los juanetes y era patizamba a más no poder. Posiblemente no hubiera podido cerrarle el paso a un cerdo, habilidad de la que por suerte había muy poca demanda en St. George's College.

Mientras caminábamos al paso de ella procedí a contarle las aventuras de mis vacaciones. Aquejada desde hacía mucho tiempo por problemas de rodillas, María lo compensaba con un bamboleo que no carecía de cierta similitud con el de los pingüinos. Subía las escaleras muy despacio, casi a pulso, con la mano en la baranda. Cada paso la hacía jadear, y su sonrisa de victoria al llegar a la cima calentaba como el sol. Para María, el gozo de lo que podía hacer pesaba más que la tristeza de lo que no podía hacer. Me parece que desde que la conocí no oí que se quejara ni una sola vez de su destino. La quería como si fuera mi abuela.

Todo esfuerzo era poco para «santa María», como la apodaban por su corazón, el más bondadoso que haya conocido yo en mi vida. Quería tanto a los niños que les hacía de madre, a lo que ellos respondían con una mezcla a partes aproximadamente iguales de gratitud, diversión y fastidio. También a los más jóvenes del personal les hacía de madre. Una vez, durante una huelga en la lavandería, los chicos tuvieron que lavarse ellos mismos la ropa, pero me costó lo mío impedir que María se ocupase de mi colada. Al cabo de dos o tres semanas las lavanderas consiguieron un aumento de sueldo, más que nada porque a las madres de los niños les horrorizaba tanto la idea de que sus adorados retoños de dieciséis años se lavaran (o no) los calzoncillos que protestaron por escrito, y todo volvió a la normalidad con ese fabuloso pragmatismo argentino.

En cuanto abrí la puerta de la azotea, Juan Salvador nos miró y, en cumplimiento de mis previsiones, tardó a lo sumo dos segundos en derretir el corazón de María, que bajó los dos escalones mientras el pingüino se acercaba corriendo y la miraba a la cara. Cuando le expliqué lo del petróleo se quedó tan preocupada que, como era natural, también quiso adoptar a Juan Salvador. Pronto descubrimos que él nunca se hartaba de cuidados maternales. María se sentó en la baranda, acariciándole con suavidad el contorno de los hombros.

En cuanto insinué que podía darle de desayunar, se ocupó del primer ágape del día de Juan Salvador, que después de cada pescado sacudía la cabeza, aleteaba vigorosamente y agitaba la cola en señal de gratitud. El gran pescador había pescado una nueva conversa. A partir de entonces, María, encandilada, le llevaba a menudo algo sabroso de picar, y entre los dos arreglaban el mundo.

El siguiente paso en mi pequeña ronda de confesiones fue ir a ver al director para informarle sobre la presencia temporal de un pingüino en mi terraza. Le dije también, para tranquilizarlo, que en cuanto tuviera un día libre me lo llevaría al zoo de Buenos Aires, a condición de que ya se hubiera repuesto bastante. Lo mismo le dije a Richard, el encargado de la residencia. De resultas de ello Juan Salvador y yo recibimos visitas poco menos que continuas a lo largo del día.

Por la noche, a la hora de cenar, expliqué en el comedor la historia de mis escaramuzas con un pingüino en Punta del Este, y la razón de que ahora ese pingüino viviera en mi azotea. Mis colegas escucharon con alborozo la parte sobre su rescate y su limpieza, pero en el momento en el que desvelé su nombre George me interrumpió.

—No, no, Juan Salvador no puedes llamarlo. Tiene que ser Juan Salvado.

Se decidió por consenso que era un nombre más adecuado que Juan Salvador, de modo que entre sus amigos íntimos pasó a llamarse así, aunque en ocasiones formales conservó el de Juan Salvador.

También los profesores, como era natural, quisieron verlo, de modo que al final de la cena subieron a la terraza y fueron hechas las presentaciones de rigor. Algunos de mis compañeros se sentaron en sillas, y otros en la baranda. De la misma manera que el oporto se hace pasar siempre hacia la izquierda, la bolsa de espadines circuló hacia la derecha. Juan Salvado cautivó a los reunidos corriendo hacia el que sujetara a cada momento un pescado, y aunque fuera comiendo más despacio a medida que se le llenaba la barriga, se le veía contento de tener compañía. A partir de cierto momento ya no estuvo tan activo, y mis colegas empezaron a distraerse con otros temas humanos de conversación, de interés más cotidiano y acuciante (como las supuestas travesuras de los jóvenes reclutas del ejército con sus ametralladoras, o las posibilidades del Quilmes FC en la Copa).

Fue la primera vez, pero ni mucho menos la última, en que observé hasta qué punto se encontraba cómodo Juan Salvado entre humanos. No le intimidaba su estatura, ni daba muestra alguna de sentirse inhibido. Las visitas que subían a la azotea recibían una calurosa bienvenida, nacida, que supiera yo, de un deseo sincero de amistad. No, no le hago justicia, en absoluto. Siempre que venía alguien, Juan Salvado estaba en éxtasis. Los invitados tenían la sensación de llegar de un largo y arduo viaje a la casa de un amigo muy antiguo y preciado. Juan Salvado tenía todo el encanto de un niño pequeño y precoz, pero a diferencia de ellos no era un encanto efímero, sino que se mantenía estable. Quizá a lo que más se pareciese su conducta fuera a la del anfitrión perfecto de un gran banquete de la alta sociedad, Su Excelencia Don Juan Salvador de Pingüino. Ingenioso, perfecto en sus modales, irreprochablemente vestido con corbata blanca y frac, dotado del aplomo que le conferían su rancio abolengo, su educación superior y su gran experiencia, circulaba entre los invitados, que al verlo interrumpían sus conversaciones para estar por él. A su vez, Su Excelencia les hacía sentir que si algo anhelaba era el placer de conversar con ellos a solas, y que era una lástima que las inflexibles leyes de la etiqueta lo obligasen a hablar con el resto de los invitados. Por eso, aunque en sentido literal fueran los seres humanos quienes lo alimentaban con pescado, figurativamente era Juan Salvado quien los hacía comer de su mano.

Estaba aquella noche el pingüino a mi lado, mirando a la concurrencia como si se preguntase si quedaba un hueco para un último espadín, cuando vi que parpadeaba y bajaba la cabeza. Poco después vi que se había quedado profundamente dormido, aunque seguía de pie, apoyado en mí, saciado y, a juzgar por todos los indicios, totalmente conforme con el mundo.

Como el día siguiente era el último antes de que volvieran los alumnos, aproveché que aún había tiempo, y que Juan Salvado ya no llevaba una vida de prófugo, para ir a ver cómo le sentaba a mi nuevo compadre un paseo por el campo, y un ejercicio un poco más motivador de lo que permitía la estrechez de la azotea.

El recinto de St. George era bastante generoso, con toda una serie de campos de deportes rodeados de grandes eucaliptos, así como otras zonas más tranquilas y de vegetación más tupida que se parecían más a los rincones de sombra de los jardines domésticos. Me llevé a Juan Salvado a la hierba, y caminamos lentamente debajo de los eucaliptos. Él me seguía a todas partes, sin alejarse más de un metro, como en la playa de Uruguay. Tomé confianza y caminé más deprisa. El pingüino tuvo que correr a gran velocidad para no quedarse rezagado. Correr, para un pingüino, significa abrir las alas y hacer girar el cuerpo para aumentar al máximo la longitud de cada paso. Se trata de un espectáculo ante el que poca gente puede aguantarse la risa. Yo iba a un ritmo casi siempre pausado, observando atentamente lo que hacía Juan Salvado, el cual, pese a examinar la hierba, las hojas y las ramas del suelo, nunca se alejaba mucho de mí. Durante el paseo nos encontramos con varios empleados, a los que expliqué la presencia de mi nuevo compañero, y aunque nadie profirió ninguna crítica en voz alta me pareció detectar alguna leve insinuación de que mis actos tenían cierto componente excéntrico. Supongo que se debía a que estaba un poco susceptible. Juan Salvado era la prueba viva de que mi intervención en la playa de Uruguay había sido la decisión más acertada de todas las que hubiera podido tomar.

Nuestro primer paseo por el recinto debió de rondar los dos kilómetros. Yo estaba muy atento a cualquier señal de cansancio u otros indicios que rogasen «¡Aúpame!», pero no vi ninguno. En su momento me sorprendió, pero al pensarlo bien me di cuenta de que los pingüinos tienen la resistencia necesaria para migraciones anuales de miles de kilómetros, y para desplazarse por distancias muy superiores a las de los humanos. Vaya, que un suave paseo alrededor de un campo de rugby probablemente no supusiera un gran reto.

Por aquel entonces la calle Guido, que venía de Quilmes, se acababa a las puertas del internado, punto en que el asfalto se convertía en tierra, y en algo más de dos kilómetros llenos de baches llegaba al río. Los terrenos de ambos lados pertenecían a St. George. Al norte había una extensión abierta con varios campos de rugby, rodeada por unos jacarandás preciosos.

Por el centro y el sur del continente americano crecen diversas especies de jacarandá, y nunca he visto ninguno que no me haya parecido bonito. Los hay pequeños, del tamaño de un arbusto, y otros que adquieren el porte de un gran árbol. Los que estaban plantados alrededor de los campos de rugby debían de medir algo más de diez metros, y a base de cuidados habían adquirido la forma de una ancha sotana que proyectaba el máximo de sombra, una penumbra moteada donde tanto los espectadores como los jugadores podían resguardarse del sol. En primavera toda la copa de los jacarandás quedaba invadida por tupidas trenzas de flores en forma de trompeta, de un color jacinto que sobrecogía por su intensidad, y que en días sin ninguna nube eclipsaban hasta el cielo. En su momento de apogeo las flores robaban todo el protagonismo a un follaje verde claro, en filigrana, que contrastaba de forma muy atractiva con un tronco casi negro, duro y con profundas grietas. Las finas hojas conservaban su atractivo durante todo el verano, hasta mucho después de que se hubieran marchitado las flores. Cerca ya del otoño se formaba el fruto, unos racimos como de uva, entre dorados y amarillos, que en el crepúsculo tenían luz propia, y que tardaban mucho más en caer que las hojas. Creo que pocos árboles son tan hermosos como el jacarandá. Ver avanzar al pingüino a sus pies era una estampa inolvidable.

Al sur del camino había unas veinte hectáreas donde se concentraban todos los edificios del internado y varios campos de deporte más. Hoy en día la escuela se ha visto cercada por el implacable avance de la construcción, pero en aquel entonces, caminando entre las altas telas metálicas (cubiertas a posta de zarzas) que rodeaban los dos recintos de los que constaba el campus se podía llegar hasta el Río de la Plata, siguiendo el camino que se abría paso entre la maleza, junto a unas cuantas casas; media hora larga de paseo, y en compañía de un pingüino mucho más.

Las viviendas que había entre St. George y el río a duras penas merecían el nombre de parcelas, pero al estar hechas con bloques y maderas «recogidos» por el barrio por sus habitantes tenían un refinamiento superior al de simples chabolas. Desconectados de la red de suministros, los vecinos tenían que vivir y mantener a sus familias sin electricidad, agua corriente ni alcantarillado. Cultivaban su pequeño huerto, criaban gallinas y cerdos y se ganaban la vida de milagro, trabajando en lo que pudieran. A algunos les daba trabajo el internado como cocineros, limpiadores, lavanderas y personal de mantenimiento.

Yo paseaba muchas tardes hasta el agua, y desde que me interesaron los pingüinos pregunté a los vecinos de la zona si en aquella parte del Río de la Plata habían visto aves como Juan Salvado.

—No, nunca. —Era la respuesta.

Los espadines, y en consecuencia los pingüinos que se alimentaban de ellos, se mantenían lejos de la costa, para evitar la gran afluencia de agua dulce del río; de ahí que una vez fuera de Argentina los pingüinos tuvieran que nadar unos trescientos kilómetros por mar abierto hasta llegar a Uruguay. Cuantas más cosas descubría sobre los pingüinos más interesantes y atractivos me resultaban.

El Río de la Plata es enorme, de una amplitud como la del canal de la Mancha. Imagínese el lector que está en Dover, mirando hacia el sur. La temperatura es de treinta grados, el agua está caliente, cenagosa y salada, la vegetación es subtropical y el sol se mueve al revés por el cielo. (En el hemisferio sur el sol se desplaza en sentido contrario a las agujas del reloj.) Pues ya se ha hecho una idea de lo que era estar al final de aquel camino de tierra, en la orilla del Río de la Plata.

Aunque la zona no fuera muy salubre, los chicos del colegio podían pasear libremente hasta el río o ir solos al pueblo. Desde esta época en que las libertades civiles han sufrido restricciones que entonces habrían sido inimaginables, parece una edad de oro para la libertad personal, a pesar de que la situación política rozase la anarquía. Algunos de los alumnos del *college* pertenecían a familias de entre las más ricas e influyentes del continente, pero eso no les impedía codearse con relativa libertad con los residentes del «Bajo», como se llamaba aquella zona, una de las más pobres. De la vulnerabilidad de los muchachos se hablaba en las reuniones, pero por suerte no hicieron falta medidas de seguridad aparte de los vigilantes armados de la entrada y una simple valla como las de las pistas de tenis en torno del recinto.

Después del paseo de presentación de Juan Salvado por el campus volvimos a la residencia y subí los dos escalones de la puerta principal. En cambio el pingüino tropezó con el primero como si no hubiera visto el obstáculo, rebotó y se quedó sentado en el suelo. Lo recogí y entré con él en brazos. Siempre se dejaba llevar tranquilamente, sin resistencia alguna. Lo dejé al otro lado de la puerta.

Mi apartamento estaba al final de una escalera muy amplia de madera maciza. Poco después de empezar a subir me paré y me giré para ver qué hacía Juan Salvado. Chocó otra vez con el primer escalón. Esta vez, sin embargo, estudió el obstáculo, primero con un ojo y después con el otro, y pareció entenderlo de golpe. Se acercó otra vez al primer escalón, sin grandes aspavientos, y dio un salto hacia delante. Al aterrizar en el primer peldaño chocó con la cabeza en el siguiente, pero no se dejó amilanar: se levantó y saltó un escalón más. Esta vez aterrizó boca abajo, en diagonal, y se tendió cuan largo era sin darse un golpe en la cabeza. Repitió inmediatamente el proceso hasta caer de nuevo en diagonal, siguiéndome en zigzag por unos cuantos escalones. Yo subí un poco más. Juan Salvado fue detrás de mí.

Enormemente impresionado por su astucia, sentí el lógico deseo de ver cómo se las arreglaba para bajar, así que rehíce corriendo mi camino. Él se lanzó panza abajo sin titubear y fue dando golpes a gran velocidad por los peldaños, como en un tobogán, hasta que aterrizó (también de panza) en el mármol pulido del suelo. Tras deslizarse un poco se paró y se levantó. Juan Salvado no estaba hecho para subir las escaleras a mayor velocidad que nadie, pero no tenía rival a la hora del descenso de rellano a rellano, que efectuaba sorteando sin dificultad los dos giros en ángulo recto de la escalera. Más tarde descubrí que los muchachos, sin saberlo yo, organizaban carreras contra el ave, y que siempre ganaba él. Al enterarme se me heló la sangre, y prohibí severamente las carreras en cuestión, horrorizado por la posibilidad de que algún niño se cayera sin querer sobre el pingüino al intentar saltar media docena de escalones de una sola vez, y aparte de matarlo por aplastamiento se partiera la crisma al resbalar con el cuerpo eviscerado y dar tumbos hasta el pie de la escalera. Solo de pensarlo temblaba de miedo. Durante los preparativos de aquel curso, sin embargo, nada hacía presagiar hasta qué niveles llegarían las trastadas infantiles con el ave marina.

«Su Excelencia Don Juan Salvador de Pingüino.»

8

Nuevos amigos
*En que vuelven los alumnos y se encuentran con
un huésped inesperado*

Tengo la impresión de que hay un tipo de abrillantador que
solo se usa en los colegios. Era su olor el que impregnaba el
ambiente cuando el parloteo de los alumnos quebró la silenciosa inactividad de las residencias. El ruido de pisadas y los golpes
de baúles que, repletos de uniformes y accesorios deportivos,
eran arrojados sin ningún miramiento por sus dueños al pie de
alguna cama, anunciaban el verdadero inicio de un nuevo se-
mestre de diecisiete semanas. El internado revivía de golpe.
Aquella primavera no lamenté que volvieran los chicos. Empezaba a estar claro que a Juan Salvado le gustaba mucho la compañía, y con más de trescientas personas en el campus lo que
menos le faltaría serían amigos.

Durante el curso no eran solo los alumnos los que vivían en
el internado, sino gran parte del personal docente y sus familias,
así como las enfermeras. Era una comunidad estrechamente unida donde se conocían todos por su nombre. Las clases de St.
George eran todas de unos quince alumnos. Las residencias respondían todas a un tamaño similar. En el comedor cabía el con-

tingente entero, que de hecho lo ocupaba tres o cuatro veces al día. Jorge, el cocinero, sabía muy bien cómo alimentar el apetito argentino de tan jóvenes huestes. También la capilla era bastante grande para que cupiéramos todos, y, si bien con frecuencia y entusiasmo algo menores, nos reuníamos en ella para los servicios oficiados por el capellán.

Al final de la escalera, dirigiendo el tráfico, me pregunté cuánto tardaría alguno de los niños en mirar por la puerta de cristal esmerilado de la azotea. No tuve que esperar mucho. Un muchacho inteligente, de pelo de color azabache y sonrisa incontenible, deambuló por allí y miró los campos con el río al fondo, sin duda sintiendo las emociones encontradas que experimentaban todos a principios de curso. Era peruano, nieto de un inmigrante ruso.

Varios segundos más tarde le llamó la atención algo más próximo.

—¡Aquí fuera hay un pingüino! —dijo en voz baja. Apartó la vista. Luego miró hacia el mismo sitio de antes, y casi apretó la nariz contra el cristal. Al girarse me vio y repitió—: ¡Aquí fuera hay un pingüino!

—Ah, pues se habrá parado a descansar mientras migraba hacia el sur para el invierno —dije yo.

La contradicción cognitiva (decir cosas falsas que obligaban a los alumnos a poner en duda las ideas que se les exponían) era un estilo docente muy de mi agrado. Ígor frunció el ceño y miró de nuevo la azotea. Luego se volvió con la palabra «¡No!» en la boca, pero al ver mi expresión no llegó a pronunciarla. Su sonrisa dio acuse de recibo de la broma.

—¿Puedo salir?

—Sí, pero con mucha calma y suavidad.

Abrió la puerta con cuidado y salió a la terraza. Yo me acerqué para ver qué pasaba. Juan Salvado movió las alas para dar la bienvenida a Ígor, que poco a poco se acercó y se agachó para acariciarle la cabeza. El pingüino se apartó, pero no tardó en incitar al niño, consciente de su público. Ígor me miró.

—¿Se lo puedo contar a los demás?

La noticia de que había un pingüino en la azotea corrió como la pólvora por toda la residencia, congregando frente a la terraza a una alborotada multitud de niños deseosos de saber si era cierto el rumor. Al principio regulé el número de alumnos que salían al mismo tiempo, por temor a intimidar a Juan Salvado, pero pronto nos dimos cuenta de que para aquel pingüino no parecía haber ningún tope en lo que respectaba a la cantidad de sus admiradores.

Los niños estaban encantados de que les dejaran darle de comer. Enseguida surgieron voluntarios, sobre todo entre los más pequeños, tanto para alimentar a Juan Salvado como para limpiar periódicamente la terraza y comprar a diario pescado en el mercado. Las responsabilidades sacan a menudo lo mejor de los chavales, y en aquel caso no escasearon los ayudantes dispuestos a dejar que se sacara «lo mejor» de ellos atendiendo las necesidades de Juan Salvado.

El significado del adjetivo «gregario» solo se entiende de verdad cuando se ha visto a los pingüinos en su entorno natural.

Los seres humanos, de modo general, se pueden describir como gregarios, pero los pingüinos se congregan en cantidades insólitas sin que parezca que entre ellos exista el concepto de espacio personal. Por otro lado, es posible que un internado inglés (o sudamericano) refleje mejor que casi cualquier otra forma de la sociedad humana lo que es la vida en una colonia de pingüinos.

A primera hora de la mañana salían de sus residencias oleadas de alumnos que iban a desayunar al comedor. Después volvían para recoger lo necesario para las clases matinales, y acto seguido crecía de nuevo la marea de niños, esta vez en dirección a la capilla y las aulas. La pausa de media mañana originaba un reflujo hacia la residencia durante el que se cambiaban libros y otros enseres de cara a la siguiente tanda de clases. A la hora de comer regresaban todos a la residencia para dejar sus pertenencias en las taquillas, y se precipitaban de nuevo al comedor. Satisfecha su hambre de vituallas, iban a echarse la siesta al dormitorio; y recobradas sus fuerzas la marea se derramaba otra vez con el objetivo de participar en toda suerte de juegos y ejercicios físicos. Luego volvían a sus respectivas residencias, se duchaban y recogían los libros, ávidos una vez más de las perlas de sabiduría que caerían de los labios de mis colegas durante la última tanda de clases de la jornada. Una vez más dejaban sus libros y se iban al comedor para la última pitanza. Por último volvían a los estudios y las salas comunes para hacer los deberes, y tras ello las residencias se llenaban del tumulto de los niños que disfrutaban del único tiempo libre del día antes de ducharse y acostarse. Así es la rutina de los internados.

En suma, que el ir y venir de los muchachos no cesaba, y

parecía pensado para divertir y hacer feliz a un pingüino residente. Cada vez que Juan Salvado oía pasar a los chicos se ponía
a correr con gran animación por la terraza, intentando ver algo,
y siempre había algún niño que salía a la azotea y hablaba con
él, o bien le daba pescado.

A pesar de que en los internados el tiempo libre de los niños está muy restringido, con un poco de entusiasmo era más
que factible buscarse veinte minutos entre el final del patio y
el principio de las clases de la tarde, y nunca faltaban muchachos que se ofrecían voluntarios para ir al mercado a comprar
espadines. Teniendo en cuenta que en pocos días Juan Salvado
ya estaba acostumbrado a una dieta diaria de solo medio kilo
de pescado, se hizo perfectamente viable mantener en mi nevera sustanciosas reservas con solo tres viajes semanales a la
pescadería. La recompensa por ir a buscar provisiones al mercado era el privilegio de dar de comer a Juan Salvado y limpiar
la terraza.

No solían ser más de media docena los niños que se senta-
ban en la baranda de la terraza de la azotea para alimentar a su
nuevo amigo. Al principio Juan Salvado pillaba los pescados y
se los tragaba tan deprisa como su alimentador era capaz de
sacar espadines de la bolsa, y con escaso respeto por los dedos
de los incautos y los inexpertos. (Debo decir que el ansia de
pescados de Juan Salvado no produjo lesiones permanentes en
nadie.) Hacia el final de la comida, en cambio, ya no iba tan
deprisa, porque le costaba más tragar. Los benefactores más
atentos se daban cuenta de cuándo estaba lleno y no le daban
más pescados, pero de vez en cuando había alumnos que, pasado
ya el riesgo de amputación de sus dedos y enfrascados en sus

conversaciones, seguían dándole de comer hasta que ya no podía tragar nada y se quedaba con una cola de pescado sobresaliendo del pico.

Ahíto, pues, y más que satisfecho, Juan Salvado se quedaba en el centro del pequeño grupo de muchachos, a quienes miraba con afecto, pendiente de todas sus palabras; hasta el momento en que, abrumado por lo tenso del chaleco y por el calor del sol del final de la tarde, se quedaba profundamente dormido, contra las piernas —por suerte verticales— de los chicos. Los más considerados lo depositaban sobre su abultada panza, y así dormía, inmóvil como un niño. Otros, menos atentos, se levantaban sin más y se iban corriendo al darse cuenta de que llegaban tarde a sus obligaciones, dejando que se desplomase. En esos casos él se limitaba a sacudir la cabeza, como un abuelo indulgente, y volvía a ponerse cómodo para reanudar la siesta. Así era la vida del pingüino Juan Salvado: dormir plácidamente mientras los demás volvíamos a nuestros quehaceres.

9

Tesoros ocultos
En que sacrifico algo muy valioso

Una tarde, poco después de que Juan Salvado se instalase en mi terraza, desde mi apartamento me llamó la atención un bullicio de voces. Supuse que sería un grupo de niños que se acercaba al edificio, pero había algo anómalo, una agitación que no identifiqué del todo. Estaba muy ocupado con la radio, con los cables conectados a la antena que había tendido inútilmente por la habitación para sintonizar las noticias del servicio internacional de la BBC. A esas horas del día solía ser una pérdida de tiempo, aunque de vez en cuando mis esfuerzos obtenían como recompensa el familiar acento de un locutor británico, modulado con las sibilaciones de la ionosfera.

El grupo llegó al edificio y subió hasta la puerta principal. Oí que se abría y se cerraba, y que las voces adquirían más fuerza al subir por la escalera y detenerse en la entrada de mi apartamento. La radio seguía muda. Vencido por la curiosidad, fui a investigar, adelantándome a los golpes en la puerta. Cuando la abrí me encontré con la expresión triunfal de un niño. Sostenía en las manos el motivo de su euforia: un viejo barreño de hierro galvanizado, ovalado, de unos noventa centímetros de largo, sesenta de ancho y veinticinco de profundo, con un asa en cada extremo.

—¡Cortés —dije con gran admiración—, eres un genio! ¿De dónde lo has sacado? ¡Espero que no lo hayas robado del jardín de alguna pobre vieja!

—¡Yo no he robado nada! —dijo él, indignado.

—Era una broma —contesté—. Bueno, lo de que eres un genio no. ¿Dónde lo has conseguido?

Sonrió de nuevo de oreja a oreja.

—Lo he visto en un desguace, al volver de la ciudad. Les he preguntado por cuánto lo vendían y me han dicho que se conformaban con que me lo llevase.

—¿No te han parado los vigilantes de la entrada? —pregunté.

Tenían instrucciones claras de impedir que los niños trajeran basura al internado.

—Querían, pero les he dicho que lo necesitaba usted para el pingüino, y que me había enviado a buscarlo, y me han dejado pasar. Me había enviado, ¿no?

—¡Ah, sí! —dije—. ¡Ahora me acuerdo! ¡Buena memoria! ¡Llegarás lejos, Bernardo Cortés!

En las pocas semanas que llevaba Juan Salvado entre nosotros se había adaptado a vivir en la terraza como un pez en el agua. Si necesitaba guarecerse del sol o del granizo se ponía debajo de la mesa. Le encantaba la ducha que le dábamos a diario los muchachos o yo, colgando el extremo de la manguera al borde de la mesa y dejando caer un suave chorro del que disfrutaba como de una cascada casera.

El ritual siempre era el mismo. Después de meter el pico en el chorro durante uno o dos segundos sacudía vigorosamente la cabeza, repetía el movimiento dos o tres veces y empezaba a lavarse la cara y el cuello con una pata, mientras se mantenía en equilibrio sobre la otra. Acto seguido procedía a limpiar otras partes de su cuerpo. Parecía mentira que pudiera acicalarse tan bien con las patas. Era como si tuviera huesos de goma que le permitían todas las contorsiones posibles. El siguiente paso consistía en apartarse del agua y ocuparse de las plumas con el pico, empezando por el cuello y siguiendo hasta la cola, que agitaba espasmódicamente, con gran rapidez y energía. Se trataba de la señal que esperábamos para secarlo suavemente con una toalla. Entonces volvía a arreglarse las plumas.

Como no sabíamos cuánto bebían normalmente los pingüinos, ni si el pescado que comían ya satisfacía sus necesidades de agua, Juan Salvado siempre disponía de un gran cazo. El agua del internado era tan salada que no me preocupaba que pudieran faltarle sales esenciales. De todos modos, la verdad es que nunca le vi beber, aunque me tranquilizaba saber que tenía agua a su disposición.

Al ver entre la suciedad de algún taller de Quilmes aquel barreño grande y galvanizado, Bernardo Cortés había tenido una inspiración. Ahora Juan Salvado podría bañarse y, si quería, sumergirse por completo en el agua, o bien refrescarse cuando aumentara el calor del verano. Así ya no tendría que preocuparme por el inmediato bienestar del pingüino, cuyas plumas no daban muestras de estar recuperando su impermeabilidad.

En cuanto Cortés me dio a inspeccionar su tesoro, quedó claro de inmediato que era un barreño muy usado. Me lo imaginé a la venta en una ferretería o un almacén de finales del siglo XIX, colgado de una viga con un gancho, nuevo y reluciente, con una etiqueta escrita a mano en un tarjetón de color beis atado con cordel. No me cupo la menor duda de que lo había comprado alguna familia pionera de la época, junto con otros artículos de primera necesidad. Me imaginé a un hombre joven y delgado, con un holgado pantalón de peto, y a la mujer que pocos días antes se había convertido en su esposa, comprando solo lo más imprescindible, lo que dieran de sí sus bolsillos y que no sobrecargase demasiado un carro casi obsoleto, tirado por un caballo: algunas planchas de hierro ondulado, madera, clavos, un martillo, valla de alambre, pico, pala, cerillas, harina, maíz para sembrar, patatas, una jarra esmaltada, municiones y aquella bañera de hojalata. Bastaban aquellas pocas cosas, sumadas a su amor y determinación, para crear desde cero un hogar. Bastaban, pero no sobraban.

La bañera de Juan Salvado había ocupado el centro de la vida doméstica de esa familia que luchaba por domar la tierra, procurarse el sustento y crear una nueva granja al sur de Buenos Aires. Quizá hubiera servido para preparar alimentos en la cocina, y como balde en que lavar los platos después de las comidas. Sin duda también habría resultado útil para la colada, y en los dormitorios. Dentro de él se habrían bañado los recién nacidos, y se habría puesto agua a calentar. Bien tapada, habría servido de despensa protegida de los bichos. A medida que crecía la familia, y que ascendía en el escalafón social, el barreño se habría visto lentamente relegado a tareas más humildes, como las de comedero para cerdos y orinal, hasta que al final de toda una vida de trabajo, lleno de abolladuras y rasguños, con las primeras manchas de óxido, se habría incorporado a un lote de subasta agrícola, a la vez que se vendía la casa familiar. A partir de entonces habría pasado por varias manos hasta languidecer en un desguace de Quilmes, donde no lo quería nadie. El destino, sin embargo, que le tenía reservado algo más noble, había dispuesto que justo aquella tarde pasara un niño y comprendiera su potencial.

—¡Es justo lo que necesitamos! —felicité a Cortés—. ¡Muy bien! Sacadlo a la terraza y limpiadlo.

En manos de los voluntarios el trofeo fue depositado en la terraza para su limpieza. Barro, mugre y telarañas desaparecieron gracias a la fuerza del agua del grifo. Juan Salvado lo supervisaba todo al lado del barreño, y satisfecho de cómo iban las cosas se frotó la cabeza contra el pecho dentro de la fina niebla que rebotaba en sus plumas. Me sorprendió por enésima vez la increíble flexibilidad de su cuello, que le permitía girar del todo la cabeza. Alrededor de él, el arcoíris formado por el sol al reflejarse en las salpicaduras creaba una imagen difícil de olvidar.

En un abrir y cerrar de ojos se desprendieron todas las sustancias adheridas, y el barreño quedó lleno de agua limpia y reluciente, dispuesto a prestar de nuevo sus servicios.

Teníamos a mano algunos troncos de madera de quebracho, traídos de las bien surtidas leñeras para que la manguera de la mesa no se cayera ni diera un latigazo cuando se abría el agua. Tal como indica su nombre, el quebracho es una madera de una dureza y una densidad excepcionales, que se hunde en el agua y cuyo único uso práctico es el de combustible, ya que se consume como el carbón. Su densidad lo convertía en un buen contrapeso. Apoyado en el exterior del barreño hizo las funciones de escalera para Juan Salvado. En el interior había otro montaje parecido que le permitía volver a salir. Como eran de quebracho, los bloques no flotaban, sino que permanecían al fondo, bajo el agua.

Una vez que estuvo todo listo nos apartamos para ver cómo reaccionaba el pingüino a aquella novedad en el mobiliario de la terraza. Nos disponíamos ya a felicitarnos por nuestro trabajo cuando se lanzase alborozado al agua y empezase a nadar, pero Juan Salvado no hizo ni lo uno ni lo otro. Siguió acicalándose, sin el menor interés por su nueva bañera. Lo más raro de todo fue que ni siquiera miró el barreño. Normalmente cualquier nuevo objeto en la terraza despertaba de inmediato su curiosidad.

Los niños lo observaban, francamente desmoralizados.

—¿Por qué no lo usa? —preguntó uno en español.

—¿No le gusta? —añadió otro.

—¡Hablad en inglés! —les recordé.

En ese aspecto, cuando los chicos no estaban en clases de español las normas del *college* eran inflexibles.

—Sí —intervino otro niño, también en español—. ¡Es raro en él! —reflexionó, pasando al inglés.

—Dejadle tiempo —dije yo—. Es solo que se le hace raro.

Intentaba darles ánimos, pero la verdad es que estaba tan decepcionado como ellos por la reacción.

—¡Ya lo tengo! —exclamó de repente uno de los niños—. Ya sé lo que quiere. ¡Hielo!

La última palabra la dijo en español, usando el *spanglish* que se infiltra con normalidad en el habla local angloargentina.

—¿Amarillo? —pregunté yo, confundiendo «hielo» con

«yellow»—. ¿Amarillo qué? ¿Pintura amarilla? Pero ¡qué dices, mentecato! ¿Por qué diantre va a querer pintura amarilla? —añadí, haciendo una imitación de viejo coronel de las colonias que les encantaba.

—¡No, pintura no! ¡Hielo! ¡Para sentirse como en casa! —contestó el que lo había dicho, con una sonrisa.

Los otros niños se rieron y se lo tradujeron.

—¡Di *ice* y ya está! —se burlaron.

—¡Sí, *ice*! ¡Hielo! ¿Tiene?

—¡Hielo! ¿Dónde? ¿Aquí dentro? ¡Con tanta agua no serviría de nada echar unos cubitos! ¡De nada en absoluto!

—¡Sí, sí! —dijeron a coro.

De repente todos lo consideraban buena idea y la clave del problema.

—¡Por favor! ¿Tiene?

—Pues… —Vacilé—. Algo sí tengo en el congelador, pero no es gran cosa. No serviría de nada. No es un pingüino de la Antártida. No le influirán para nada unos cuantos cubitos de hielo.

Encima casi eran las seis y media, la hora de la campana que llamaba a los niños al comedor para la cena, y que anunciaba uno de los pocos momentos de tranquilidad de la jornada, un respiro durante el que yo a veces disfrutaba de un buen gin-tonic en la terraza junto a mis colegas. Mi valioso hielo, hecho con agua de botella, formaba parte obligatoria del ritual. Esperé haber echado un jarro de agua fría a la idea.

—¡Por favor! —me suplicaron, con tal cara de pena que me pareció que no tenía más remedio que hacer el enorme sacrificio.

Entré de mala gana en el apartamento, saqué la bandejita de hielo y tuve la astucia de meter unos cuantos cubitos en un vaso, que guardé en el congelador para más tarde.

—¡Tomad! —dije tendiéndoles el molde de plástico—. Aunque no servirá de nada. De nada en absoluto. Ya lo veréis.

Justo entonces resonó por todo el campus la campana del comedor.

—¡Hala, venga, ya os podéis ir! ¡No perdáis más tiempo! Dejad en paz al pingüino, que seguro que descubre él solo la bañera —dije—. Ya volveréis más tarde.

—¡Un momentito, un momentito! —me imploraron mientras echaban al agua el puñado de cubitos, que en pocos segundos se derretiría sin haber provocado ningún cambio discernible en la temperatura de la bañera.

En ese mismo instante, sin embargo, Juan Salvado dejó de acicalarse, miró hacia arriba y fue como si no esperara otra cosa que el hielo, porque subió los escalones como un veterano que lo hubiera hecho cien veces, se metió en el agua y empezó a lavarse.

Las carcajadas que acompañaron su acción eran contagiosas. Les dije a los niños que se fueran de una vez. Se marcharon corriendo sin dejar de reír.

—¡No servirá de nada en absoluto! —me imitaron varias voces que subían hasta la terraza, recibidas una y otra vez con risas durante los cien metros de camino al comedor.

Tras servirme el prometido gin-tonic me uní a Juan Salvado en la terraza para la copita de la tarde. Cómodamente sentado, gozando del calor del sol poniente, levanté la vista y el vaso hacia el pingüino.

—¡A tu salud, Juan Salvado! —dije.

Bebí un poco y removí el vaso, haciendo chocar el hielo contra el cristal. En respuesta al brindis, Juan Salvado se agachó y sacudió la cola mientras daba picotazos a un cubito. Luego sumergió las alas en el agua y se puso a salpicar como loco.

«Juan Salvado no hizo ni lo uno ni lo otro.
Siguió acicalándose, sin el menor interés por su nueva bañera.»

10

Conversaciones de terraza
En que un problema compartido es medio problema

El agua corriente del instituto era poco menos que imbebible por su contenido en sal. Las cañerías se obstruían a tal velocidad que había que cambiarlas cada pocos años. Nos habían avisado de que cortarían el suministro por obras en la residencia, y de que la brigada de mantenimiento tendría que entrar en las viviendas, así que no me sorprendió que un día, a la hora de la siesta, llegaran tres hombres a mi piso para medir las cañerías. Solo tardaron diez minutos, gracias a la simplicidad de mi cocina y de mi cuarto de baño. Lo siguiente que pidieron, sin embargo, fue pasar a la terraza.

Habría sido de esperar que solo tardaran uno o dos minutos en llevar a buen puerto la misión, armados el uno de lápiz y papel y el otro de un metro, y con el tercero en funciones de capataz; a fin de cuentas solo había un tubo, y además era corto, pero Juan Salvado tenía otras ideas.

En mi apartamento había una ventana con persiana que daba a la terraza. Siempre que Juan Salvado tenía visita, yo, irremediablemente, escuchaba las conversaciones sin ser visto. Observé que el pingüino insistía en comprobar las mediciones por su cuenta. Poco después los tres operarios se sentaron en la baranda y le explicaron con pelos y señales lo que tenían que hacer y cuánto más satisfactoria le parecería la presión del agua una vez que hubieran obrado su magia. ¡A mí no me habían dado ni la mitad de explicaciones!

Era una especie de antropomorfismo al que ya me había acostumbrado. De hecho, en lo que se refería a atribuir características humanas al pingüino nadie pecaba más que yo, y me producía una mezcla de alivio y diversión constatar que otras personas reaccionaban igual. Con la ayuda de Juan Salvado, una medición tan simple duró más de media hora, en la que tuve que aguantarme la risa varias veces.

Uno o dos días más tarde, oí que llamaban a la puerta, abrí y para mi sorpresa me topé en el umbral con varios de los encargados del recinto, cuyas miradas confluían todas encima de mi hombro. Enseguida se aclaró el misterio, en cuanto me explicaron que no venían a verme a mí, sino a Juan Salvado. Les propuse que le dieran de comer. Salieron en tropel a la azotea para darle espadines, encantados. Enseguida salió el tema de sus paseos por el campus. Le explicaron que pronto tendrían un nuevo cortacésped que mejoraría la calidad de la hierba, y le dijeron que esperaban que le pareciera bien.

Las mujeres de la limpieza no necesitaban pescados ni mi permiso para visitar a Juan Salvado. Ya les había explicado claramente que podían visitarlo siempre que quisieran, aunque seguro que lo habrían hecho de todos modos, porque eran sus dominios desde hacía mucho más tiempo que los míos. Enseguida, como en todas las visitas, quedaban atrás las cortesías y cumplidos de rigor y se pasaba a temas de candente actualidad. Quizá el que con más frecuencia aireasen las mujeres de la lavandería fuera la inflación, y lo mal que les pagaban, aunque con poca diferencia respecto a los cotilleos sobre otros trabajadores del internado.

También se hicieron frecuentes las visitas de María, que cada vez que sus obligaciones la hacían cruzar mi puerta (cosa que, a partir de la llegada de Juan Salvado, se aseguró de que ocurriese casi a diario) salía tambaleándose a la azotea y se sentaba en la baranda, a fin de descansar sus fatigadas piernas y desahogarse sobre todos los tejemanejes del personal doméstico, o bien sacar a colación otros problemas que la consternaban, como el de las quemaduras de plancha en las camisas, o los inevitables escarceos entre sus «chicas» y los muchachos.

—¡Ay, ay, Juan Salvado! —se lamentaba—. ¡Madre de Dios! ¿Adónde iremos a parar?

Con todo aquel trajín eran muchas las conversaciones que escuchaba yo a lo largo del día entre las visitas y el pájaro, tanto en inglés como en español (ya que se daba la interesante circunstancia de que Juan Salvado dominaba ambos idiomas). La razón de que estuvieran todos encantados con él, tanto los adultos como los muchachos, no era otra, claro está, que el hecho de que Juan Salvado, como todo buen pastor u hombre de pro, sabía escuchar de maravilla y tenía la paciencia de absorber todo lo que le decían (desde observaciones sobre el tiempo a confesiones íntimas) sin una sola interrupción. Miraba a los ojos a la gente y prestaba siempre tanta atención que sus invitados propendían a hablarle de igual a igual, como si les pareciera un ave de avanzada edad y gran sabiduría. De hecho daba el pego, porque su «collar de perro» y su larga capa negra le otorgaban el aspecto venerable, menudo y campechano de un párroco rural de la época victoriana, aquejado de gota; tanto es así que con una cruz al cuello podría haber pasado por obispo.

Esta impresión, la de que prestaba una atención absoluta a todo lo que le decían, se debía a su forma de ladear la cabeza, enfocando cada vez un solo ojo y un solo oído. Los visitantes podían fiarse por completo de su discreción y contar con su apoyo incondicional. El no poder hablar no era obstáculo para Juan Salvado, cuyos ojos le conferían toda la elocuencia y lucidez de un gran orador. Yo me decía que probablemente la razón de que sus allegados tuvieran tanta confianza en la sabiduría y la ponderación de sus respuestas fuera su dieta a base de pescado, tan beneficiosa, dicen, para el cerebro.

—¡Ay, ay! ¡Madre de Dios! ¡Adónde iremos a parar, Juan Salvado! —Así empezó María su conversación un día en el que yo estaba corrigiendo exámenes en mis habitaciones—. No sé, no sé, Juan Salvado… ¡Son tan tontas estas chicas! Pero ¡es que los padres también! Porque anda que dejar que el niño trajera al colegio unos gemelos de valor… ¡Puede habérselos robado cualquiera! ¡Hasta al tonto del crío se le puede haber olvidado dónde los dejó, que es lo más probable! Con lo que cuestan los gemelos se podrían pagar tres meses de sueldo a mis chicas. Supongo que a alguna se le pudo ocurrir que no la pillarían si los robaba… ¡Y ahora vendrá la policía! ¡Es la primera vez que pasa, Juan Salvado!

Miré a través de la persiana. El caso era que uno de los alumnos no se había quitado los gemelos de la camisa, y al darse cuenta de su equivocación había ido a la lavandería para pedir que se los devolvieran, pero nadie los había visto. Aparte de ser de oro, tenían un gran valor familiar. En fin, que el chico había acusado del robo a las lavanderas, y sus padres insistían en avisar a la policía.

Por suerte la mayoría de los incidentes que ocurrían bajo la jurisdicción de María eran menos graves y más previsibles, y al final, como es lógico, se resolvían siempre. Las camisas estropeadas se arreglaban sin que lo viera nadie (María era famosa por su habilidad con la aguja), e incluso los gemelos reaparecieron gracias a los desvelos de santa María, y fueron devueltos a su legítimo dueño. Así era como gobernaba María sus dominios, sin tolerar ninguna intromisión, como protege la tigresa a sus cachorros: con mano de hierro, pero corazón de oro. Ni los alumnos podían hacer nada malo, ni podían hacerlo sus chicas. Si las segundas cometían alguna transgresión, era María quien lo resolvía, y pobre del que pretendiera entrometerse. Ejercía su autoridad como mejor le parecía, y su determinación le granjeaba admiración y respeto. Juan Salvado, mientras tanto, escuchaba atentamente, firme como una roca.

Quienes más a menudo iban a verlo, sin embargo, eran los propios alumnos, que solían acudir en grupo para hablar de lo injusto de algún abuso de poder, o de la táctica del siguiente partido de rugby. Solo de vez en cuando se presentaba en la azotea algún muchacho a solas. Me acuerdo especialmente de una conversación, la del día en que acudió Julio Molina a consultar, pensativo, el oráculo.

—¡Hola! ¿Qué tal? ¿Cómo estás, Juan Salvado? ¡Qué buen tiempo hace estos días! Y qué vista más bonita tienes desde aquí. Pero ¡si se ve hasta el río! —Tras los cumplidos preliminares el tono se volvió más cómplice—. Mira, Juan Salvado, me alegro de encontrarte solo, porque ahora mismo necesito un consejo y… pues no sé a quién más pedírselo. Es que he conocido a una chica… ¿Que dónde? Ah, en casa de mi primo. Y… mmm… pues que la encuentro muy guapa, y me acuerdo de ella a todas horas, y estaba pensando en pedirle que salgamos juntos… mmm… pero… pues… mmm… ¿Eh? ¿Qué? ¿Perdona? ¡Ah! ¡Fantástico! ¡Uau! ¿De verdad? ¿Te parece? ¡Qué maravilla! ¡Muchísimas gracias, Juan Salvado, muchísimas gracias! ¡Descuida, que ahora mismo lo hago!

Y se fue tan contento, feliz de que sus intenciones previas gozasen del apoyo de un amigo de tanta confianza.

11

Una visita al zoo
En que se toma una difícil decisión

Desde el primer día en Punta del Este, cuando Juan Salvado no había podido valerse por sí solo y nadar a mar abierto, mi intención había sido llevarlo al zoo de Buenos Aires. Me decía que le iría bien estar con otros pingüinos, y que se beneficiaría de las atenciones expertas de los cuidadores. Al cabo de unas semanas de convivencia, mi cariño hacia mi nuevo amigo ya era grande, como hacia muchos de mis colegas, pero al mismo tiempo era consciente de que había que explorar otras alternativas. Los tres meses de vacaciones de verano brindaban una oportunidad incomparable para hacer grandes viajes, y era consciente de querer aprovecharlos al máximo. Ahora, no obstante, tenía un pingüino a mi cargo, y antes de cualquier nueva aventura debía hacer los preparativos necesarios.

En ningún caso había sido mi intención tener un pingüino como mascota, ni buscarme ninguna otra durante mi estancia en América del Sur. Era joven, tenía ganas de aventura y vivía en el extranjero. Mi deseo era explorar a fondo aquel inmenso continente, tan salvaje y romántico. St. George me suministraba una base de operaciones, ingresos (a pesar de la inflación) y más de cuatro meses de vacaciones al año. Ser interno me proporcionaba todo lo necesario: cuatro comidas al día en el refectorio y un magnífico apartamento de cuatro habitaciones, sin contar los servicios de limpieza y de lavandería. A consecuencia de ello podía ahorrar prácticamente hasta el último peso de mi sueldo. Con mis ahorros me compré una moto, medio de transporte ideal para exploradores sin blanca como yo, deseosos de emular, si no la política del Che Guevara, sí su manera de viajar; pero si con algo no son compatibles las motos es con exploradores que tengan por compañero de viaje a un pingüino.

Había adquirido la costumbre de usar la moto para las excursiones de mis días libres. El personal residente de los internados tiene obligaciones durante todo el año. En compensación por tener que trabajar los sábados y los domingos librábamos un día entre semana, y fue uno de esos días, a principios de la primavera, cuando tuve la oportunidad de ir a Buenos Aires y visitar por fin el zoo.

Desde el reciente golpe de Estado que había expulsado del gobierno a Isabel Perón para poner en su lugar al general Jorge Videla todo empezaba a funcionar correctamente. Los trenes circulaban sin retraso, y la economía argentina se había estabilizado. Ya no era un delito tener divisas extranjeras. Aun así la inflación seguía siendo alta, y por eso los días de cobro lo primero que hacía todo el mundo era ir al banco y cambiar pesos por monedas fuertes, lo cual, en resumidas cuentas, significaba comprar dólares americanos.

La moto volvía a estar fuera de combate. Estaba resultando muy poco de fiar. De modo que, en esa ocasión, tomé el tren de

Quilmes hasta la ciudad, y una vez cumplida, también por mi parte, la debida transacción bancaria, me dispuse a visitar el recinto de los pingüinos en el zoo.

No me interesaban nada las típicas atracciones de los zoológicos, así que apenas dediqué una mirada a los leones, elefantes, caimanes e hipopótamos junto a los que pasé, mientras surgían en mi mente preguntas muy incómodas respecto al cautiverio de animales en aquellas condiciones. Fui sin rodeos al estanque de los pingüinos. Tenía ganas de ver cómo exhibían sus plumajes blancos y negros, ya que las plumas de la panza de Juan Salvado no recuperarían su auténtico color hasta la próxima muda.

Fue una conmoción. Por una piscina tan poco profunda que parecía que no cubriese ni las botas de agua de los cuidadores chapoteaban siete aves de no muy buen aspecto. El recinto, en total, no era mayor que la terraza de Juan Salvado. Había un poco de sombra en la que habían conseguido caber todos, pero su conducta no se parecía en nada a la de los pingüinos que había visto en libertad cerca del mar. Yacían apáticos a cierta distancia los unos de los otros, desconsolada y caída la cabeza.

Era un día de mucho calor en Buenos Aires. Normalmente, en libertad, aquellos pájaros habrían pasado los meses de verano en el extremo sur de Argentina, donde las temperaturas son mucho más bajas. Me llevé una decepción.

Había visto grandes colonias de pingüinos en las costas de Patagonia y Chile, y todos actuaban como Juan Salvado, siempre alertas, curiosos e interesados, salvo cuando dormían, y aun entonces parecían satisfechos. A los del zoo no solo no se los veía contentos, sino que presentaban un aspecto de absoluta tristeza.

Justo entonces pasó un cuidador y le pedí permiso para hacerle unas preguntas sobre los pingüinos. Era un hombre cordial, que se prestó con mucho gusto.

En efecto, los pingüinos podían alimentarse sin problemas solo de pescado, y no necesitaban ningún otro suplemento en su dieta.

En efecto, necesitaban nadar para hacer ejercicio y mantenerse sanos, pero no hacía falta que fuera en agua de mar.

Cuanto mayor fuera la piscina más contentos estarían. El zoo no podía dar cabida a más pingüinos por falta de espacio.

En efecto, en Buenos Aires hacía un poco demasiado calor para que vivieran pingüinos durante todo el año.

En efecto, se disponía a darles de comer.

En efecto, comían varias veces al día, a un promedio de unos doscientos gramos diarios de pescado.

Me tranquilizó mucho que me confirmase que las atenciones que recibía Juan Salvado en St. George eran satisfactorias, pero si iba a quedarse mucho más tiempo necesitaría poder nadar. En el estanque del zoo a duras penas podían hacerlo debidamente los pingüinos. Yo quería una experiencia lo más natural posible para Juan Salvado.

El cuidador se despidió, abrió con su llave la verja del recinto y fue a una caseta camuflada entre las rocas. Pocos minutos después reapareció con un cubo donde parecía haber arenques troceados. Los pingüinos lo miraron con desánimo y poco interés.

También yo observaba, deseoso de ver qué sucedía. Letárgicamente los pingüinos tomaron el pescado que les ofrecía el cuidador y volvieron a echarse por las rocas. Me impresionó lo diferente que era su conducta de la de Juan Salvado, que en cuanto oía que alguien se acercaba empezaba a corretear y saludaba al visitante con un vigoroso movimiento de la cabeza que hacía que sus ojos se enfocasen por turnos en el rostro del recién llegado, y en lo que le traían sus manos. Siempre que alguien le daba pescado a Juan Salvado, tenía la precaución de sujetar los espadines por la cola para no acercar los dedos a su pico, potente, infalible y afilado como una navaja.

Ahora entendía que la conducta de aquellos pingüinos no fuera como la que había visto en condiciones naturales. Probablemente les sentara mal el calor del recinto del zoo de Buenos Aires, a pesar de que aún no era pleno verano. En St. George, Juan Salvado vivía en una terraza del extremo sur de la ciudad, y lo relativamente campestre de aquella ubicación, sumado a la brisa que llegaba del río a todas horas, mantenía la temperatura bastante por debajo de la del zoo. De hecho parecía disfrutar del sol del internado, hasta el punto de que cuando no tenía visitas a menudo se quedaba muy quieto frente al sol poniente, como si aprovechase su calor al máximo antes de dormir.

Pues nada, ya tenía la información que había ido a buscar. Ya había visto las condiciones del zoo. Ahora necesitaba tiempo para sopesar mis opciones.

Salí del zoo, volví al centro y se me ocurrió ir a tomar té a Harrods, sucursal de los grandes almacenes londinenses. Necesitaba pensar en qué era mejor para Juan Salvado, además, claro está, de mirar cosas que ni por asomo podía permitirme.

La camarera llegó con el té y con unos sándwiches de pepino que a pesar de su insistencia rechacé, repitiendo que no tenía hambre (para no reconocer que eran demasiado caros para mi bolsillo). En cuanto se marchó empecé a comerme los terrones de azúcar.

Me serví de la tetera, y mientras removía el té sin azúcar de la taza, aunque solo fuera para hacerme la ilusión, empecé a analizar las consecuencias de mi visita al zoo. A juzgar por todos los indicios, Juan Salvado estaba mucho más contento de su suerte en St. George que las aves que acababa de ver yo. Comía más que sus congéneres y tenía muchos más «amigos». Siempre estaba alerta, activo y feliz de tener compañía. Los datos me los había confirmado el cuidador. Las pruebas las tenía ante mis ojos. Estaba llegando, muy a mi pesar, a la conclusión de que dejarlo en el zoo de Buenos Aires no era lo que deseaba para él, a menos que no se presentase ninguna otra opción.

¿De verdad que quedarme a Juan Salvado en St. George, en vez de mandarlo al internado de pingüinos de Buenos Aires, era lo que más le convenía? Bien estaba descartar el zoo, pero la información del cuidador había dejado muy claro que tendría que buscar algún sitio para que nadase, problema que no parecía tener una solución inmediata. ¿Y si, más avanzado ya el verano, se agobiaba de calor? ¿Cuál era la alternativa? Tenía que considerar la opción de dejarlo de nuevo en libertad, pero no era tan fácil. ¿Podría llevarlo otra vez a Punta del Este, en Uruguay? ¿Y pasar otra vez por la aduana? Ni hablar. ¿Qué otras opciones existían? En Argentina, lo más cerca que tenía el mar era a seis horas de tren, en Mar del Plata, a unos cuatrocientos kilómetros al sur. Una vez había hecho casi todo el viaje por error, pues me había quedado dormido después de una salida nocturna especialmente memorable en Buenos Aires; me había despertado de madrugada en una estación desconocida, y por suerte había podido tomar el primer tren de la mañana a Quilmes.

Si cargaba comida y salía temprano, para que el viaje no fuera demasiado caluroso, podría subir con Juan Salvado al tren y llevármelo al mar. Era factible, pero ¿habría pingüinos donde fuésemos? Y en caso afirmativo, ¿aceptarían a Juan Salvado en su colonia? ¿Tendría espadines que comer? ¿Y si se negaba otra vez a separarse de mí? No parecía una argumentación muy prometedora.

Que me constase, las colonias de pingüinos más cercanas en estado natural quedaban en Península Valdés, lo cual comportaba hacer miles de kilómetros por carretera. Las dificultades prácticas de llevar tan lejos a Juan Salvado serían abrumadoras. La mejor opción consistía en llevarme tanto la moto como el pingüino hasta Bahía Blanca en tren y luego ir en moto hasta Península Valdés. La duración del viaje era una simple conjetura, en la que cavilé mientras seguía removiendo el té. El primer tramo, hasta Bahía Blanca, podía comportar catorce horas, y el segundo, en moto, otras diez. Me pareció imposible que todo el viaje de ida y vuelta durase menos de cuatro días completos, sin tener en cuenta, como aconsejaba la prudencia, posibles imprevistos. ¿Y si luego, suponiendo que llevara a Juan Salvado a la península, no encontraba las colonias? Y aun si las encontraba, ¿tenía algún sentido abandonarlo sin garantías de que lo aceptasen?

No. Llegué a la conclusión de que lo único sensato era hacer lo antes posible un reconocimiento de Península Valdés, y no enredarse hasta entonces en planes irreversibles.

Mi impulsivo refrigerio en el salón de té de Harrods me obligaba a volver a Quilmes en el último tren, o a no llegar a tiempo a mis quehaceres vespertinos en el internado. Esto, a su vez, sentó las bases para el choque con una fuerza mayor, y fue un ejemplo de que en la Argentina de la época había que prepararse para cualquier imprevisto. Visto lo que se avecinaba, Juan Salvado sería el menor de mis problemas.

En 1973, a sus setenta y ocho años, después de dieciocho en el exilio, Juan Perón accedió por tercera vez a la presidencia de la república. Su tercera esposa, Isabel Perón, ocupó la vicepresidencia. Las luchas intestinas entre las distintas facciones peronistas y el terrorismo de los montoneros (un movimiento de guerrilla urbana) tenían sumido el país en el caos. Al tiempo que las bombas mataban y lisiaban sin hacer distinciones, los tiroteos desde coches, de objetivos en principio más selectivos, provocaban también «daños colaterales». A mi llegada a Argentina no estaba preparado para semejante caos, aunque mi nuevo jefe me hubiera avisado del «choque de culturas». Cada mañana salían en la prensa largas listas de personas muertas el día anterior en toda suerte de atrocidades.

En 1974, la muerte imprevista de Juan Perón llevó a la presidencia a Isabel, que ni estaba preparada para ello, ni tenía buenos consejeros, ni estaba dotada de la sagacidad o astucia política que tan alto habían llevado a su predecesora, Eva. Argentina se deslizaba hacia la anarquía más absoluta. Mis conocidos representaban un amplio espectro de la sociedad argentina, pero parecía haber casi unanimidad en que la situación era tan grave que solo el ejército podía restaurar el orden.

Recuerdo como si fuera hoy un programa de televisión que se emitió cuando Isabel era presidenta. Alguien se había dejado encendido un televisor en una de las salas comunes, y yo, que pasaba, entré para apagarlo. Vi por casualidad la transmisión y me la quedé mirando sin dar crédito a mis ojos. Era una fiesta de cumpleaños, parecía que infantil, con gelatina, sombreros y el juego de las sillas. La gente se reía de que se cayera la comida al suelo, y armaba ruido con silbatos de fiesta, y cantaba el *Cumpleaños feliz* en el momento en que se apagaban las velas, pero la homenajeada era nada menos que la presidenta de la República Argentina, Isabel Perón, y los invitados que se comportaban como niños, miembros del gobierno. Hacían como si no pasara nada. Y aquellas payasadas, aquella fiesta frívola, se televisaban para todo el país en un contexto en que las bombas y los más atroces crímenes se habían convertido en el pan de cada día.

Vivir en el clima engendrado por el terrorismo hacía que la mayoría de la gente solo se preocupase de sí misma, y de resultas de ello no se podía fiar uno de nada. Tanto podían abrir las tiendas como no abrir. Tanto podían circular los trenes como no circular. Con el suministro eléctrico no se podía contar. La prioridad de todo el mundo, bastante razonable, era sobrevivir. Uno de los resultados más llamativos de esta situación fue que la gente no iba a trabajar, o no rendía como en otras circunstancias habría sido esperable que rindiese. El empleo se había convertido en una prioridad relativamente baja. El gobierno de Isabel Perón era incapaz de mantener el orden y hacer cumplir la ley, así como de desempeñar las funciones básicas de un gobierno. Aun así el ejército parecía reacio a organizar un golpe de Estado e imponer el orden.

El anterior gobierno de Perón se había acabado justamente con un golpe militar, en 1955, y a pesar de que el ejército no había tardado mucho en devolver el poder a un gobierno civil, durante las décadas de 1950 y 1960 la oscura mano de las fuerzas armadas no había estado nunca muy lejos del timón, lo cual, además de haber creado un gran resentimiento entre la población, explicaba que en los años setenta el ejército se contuviera tanto. Esperaban un clamor casi unánime por que «salvaran» el país.

A lo largo de 1975, a medida que se deterioraba la situación, aumentaron los llamamientos a una intervención, aumentando mes a mes. En 1976 ya eran mayoría quienes consideraban que el ejército «estaba a punto» de hacerse con el poder, pero pasaban los días y no se observaba ningún movimiento. En marzo de aquel año los rumores de revolución corrían como la pólvora. El 21 les escribí una carta a mis padres:

> Solo unas líneas. Aquí todo son rumores, y parece que nadie está seguro de nada, pero según las noticias del servicio internacional de la BBC que acabo de oír es inminente un golpe de Estado. Si es verdad, puede que tardéis un tiempo en volver a recibir cartas mías. ¡No os preocupéis, que a mí no me afectará!

El 22 y el 23 pasaron sin incidentes, pero el 24 por la mañana, cuando me desperté, me encontré con que todas las emisoras de radio solo ponían música militar. (Confieso que no me desagradó del todo el cambio respecto a los incesantes tangos que nunca me habían parecido una buena manera de empezar el día, aunque de noche, en la oscuridad de un local subterráneo, fueran profundamente emocionantes.) Había ocurrido.

Al principio había muchas esperanzas. Las atrocidades terroristas disminuyeron de manera drástica, y la gente empezó a actuar más responsablemente en todas partes. Se limpiaban las calles, funcionaban las farolas, abrían las tiendas, las cartas por correo aéreo de Inglaterra solo tardaban dos días en llegar (no, como era habitual, entre una semana y diez días) y los trenes circulaban con puntualidad. Por lo que a mí respectaba, el golpe de Estado era un acierto.

Por eso estaba tan confiado en que el tren que, según el horario, me llevaría al internado a tiempo para mis obligaciones no dejase de hacerlo justamente aquel día. Pero en Avellaneda, de camino a Quilmes, justo después de cruzar el Riachuelo, paramos y salió de la estación una gran masa de soldados que nos rodeó.

Se oían muchos gritos y un ruido apresurado de botas militares. Todos los pasajeros recibimos la orden de bajar del tren, y entre empujones fuimos conducidos al edificio de la estación, mientras los soldados recorrían los vagones y azuzaban con sus armas a los que no se movían con suficiente rapidez. Los oficiales gritaban a los soldados, y estos, a su vez, hacían lo propio con los pasajeros. Con el pánico, más de uno cayó al suelo. La gente llamaba a viva voz a sus maridos, mujeres, hijos y amigos, que con el tumulto se habían alejado de ellos.

En voz baja corrió el rumor de que había terroristas en el tren, a pesar de la orden de guardar silencio y de los gestos de las subametralladoras, cuya intención era intimidar y amedrentar tanto a culpables como a inocentes. Cundían la angustia y los sollozos, y las súplicas de intervención divina. En muchas manos se veían claramente crucifijos y rosarios.

Nos dividieron en grupos de unos treinta y nos pusieron en salas separadas, de espaldas contra la pared. En el centro de la habitación donde me llevaron a mí había seis soldados espalda contra espalda, con armas automáticas que parecían listas para disparar. Ordenaron que nos quitásemos abrigos y chaquetas para poder cachearnos con facilidad. Estábamos todos muy nerviosos. Vi brillar el sudor en muchas frentes. Debajo de los brazos de los soldados y los pasajeros había grandes manchas húmedas, señal del miedo colectivo. Cada pocos segundos sentía que corrían por mi cuerpo gotas de sudor, en una sala calurosa y poco ventilada, donde se respiraba el miedo.

La mayoría de los soldados eran reclutas muy jóvenes, incluso más, a juzgar por su aspecto, que los delegados de St. George, y se notaba que tenían miedo. Sus miradas saltaban de los pasajeros a sus compañeros como en busca de tranquilidad. Tenían las armas apoyadas en los hombros, apuntando al pecho y la cabeza de los cinco o seis pasajeros que estuvieran justo delante. Se hizo el silencio en la sala. Yo procuraba no levantar la vista ni mirar a la cara a los soldados, consciente de que podían interpretarlo como un desafío o una provocación, pero aun así se me iban los ojos sin querer, por la curiosidad de ver dónde miraban los demás y qué hacían los soldados. Vi las armas. Mirar directamente el agujero negro de un cañón de arma de fuego es una experiencia desgarradora. Parecía que los dedos tocaban los gatillos. Lo que no pude ver era si estaban puestos los seguros. Me pasó por la cabeza que si me apuntaba un arma no llegaría a saber si habían apretado el gatillo. La nada. ¿Cómo se lo tomarían mis padres? ¿Y Juan Salvado? ¿Quién se ocuparía de él como era debido? No, tenía que sobrevivir, por ellos y por él. Bastaba con mirar hacia el suelo y obedecer.

Nos registraron uno por uno. Después nos hicieron avanzar dos pasos ante la mirada de los soldados, que estarían buscando, imaginé, armas escondidas. La inspección se hizo de manera invasiva y con una brutalidad innecesaria. No se pararon a pensar en nuestra intimidad, ni en que hombres jóvenes estuvieran cacheando a personas de ambos sexos y de todas las edades. Aun así, como es natural, no hubo protestas. En una hora, aproximadamente, fuimos registrados todos y se nos controló la documentación. Después nos ordenaron que volviéramos al tren y dejaron que nos fuésemos, para gran alivio general. Corrió la noticia de que se habían llevado a unos cuantos. No supe si era verdad. Solo sabía que tener delante de los ojos los cañones de media docena de ametralladoras, en manos de reclutas jóvenes y nerviosos, era una experiencia que daba mucho miedo. No confiaba en que hicieran bien su trabajo, ni los soldados ni los oficiales. Fue en ese momento cuando me pregunté si Argentina había pasado de la sartén al fuego…

«Si con algo no son compatibles las motos
es con exploradores que tengan por
compañero de viaje a un pingüino.»

12

La mascota
En que Juan Salvador nos da la victoria

A principio de curso todos los alumnos solían estar en buena forma, pero pasado un tiempo empezaba a circular una «lista de bajas» donde figuraban los enfermos y los lesionados. No obstante, también estos jóvenes tenían, si podían, que salir a respirar aire fresco y hacer ejercicio. En función de la gravedad de sus dolencias se les animaba a dar un simple paseo alrededor de los campos de deporte, o bien a emprender una caminata más enérgica hasta el río.

Al poco tiempo acudió un pequeño grupo de «bajas» a pedir permiso para llevarse a Juan Salvado mientras hacían ejercicio por los campos y los otros alumnos jugaban al rugby. Así conoció Juan Salvado ese «deporte de gamberros jugado por caballeros».

Concretamente, el partido que le llevaron a ver era entre dos equipos de chicos de menos de catorce años, y estaba arbitrado por mí. Juan Salvado se quedó con su pequeño grupo de guardaespaldas, que iban por la línea de banda animando a sus amigos y dándoles consejos como «ataca de una vez, so vago» y otras palabras igual de útiles.

Ignoro cuál era el motivo de que Juan Salvado se quedara siempre del otro lado de la línea de banda, sin apartarse de sus acompañantes, pero el caso es que asistió a muchos partidos de rugby, con distintos guardaespaldas, y si bien corría por la banda, siempre cerca de todas las jugadas, como si no quisiera perderse ni un detalle, no invadió jamás el campo, ni se aproximó en exceso. Si por un cambio brusco en el partido se lanzaban hacia él los jugadores, siempre había una mano voluntaria que lo recogía del suelo y lo ponía a buen recaudo.

Los de menos de catorce años no tardaron mucho en darse cuenta de que un pingüino era el tipo de mascota varonil que necesitaba un indómito equipo de rugby para infundir temor en todos su rivales, y de ese modo Juan Salvado pasó a ser su talismán oficial, dando suerte, qué duda cabe, a sus jugadores adoptivos. (O quizá fuera más exacto decir «adoptados», porque en el fondo no estoy muy seguro de quién adoptó a quién.)

Poco después, en una tarde calurosa y plácida de jueves, cuando estaba yo a punto de acabar de arbitrar, bajo la atenta mirada de nuestra mascota, un partido de ensayo entre «posibles» y «probables» de cara a un encuentro importante, llegó un mensaje estremecedor.

Por aquel entonces las llamadas internacionales, como los vuelos, eran carísimas. Para hacerse una idea relativa de los precios hay que tener en cuenta que entonces un billete de ida y vuelta Londres-Buenos Aires a bordo de un BOAC VC10 (espléndido aparato, eso sí) salía por más de mil libras, en unos momentos en que el salario medio era de unas cincuenta semanales.

No es que las llamadas internacionales fueran un lujo, sino que salían prohibitivamente caras (cincuenta o cien veces más que ahora, tal vez), y las de tipo personal solo se hacían por alguna circunstancia muy grave. Tampoco es que fuera una incomodidad tremenda. El correo aéreo tardaba, en promedio, una semana en llegar a su destino, aunque si se tenía la suerte de pillar el correo «en el momento justo» podía hacerlo en dos días. Por otra parte era barato (unos peniques). Yo, concienzudo como era, escribía a mi casa al menos una vez por semana, y también era un buen corresponsal con mis amigos y demás parientes. Tras la inesperada aparición de Juan Salvado mis misivas habían pasado a contener incluso algunas noticias de auténtico interés para mis allegados. Sería un error subestimar el placer de escribir y recibir cartas escritas a mano, pero el caso es que hasta aquella tarde las llamadas telefónicas habían sido inexistentes.

Llegó corriendo por el campo, sobre piernas cansadas, una voz que me llamaba temblorosa.

—Saludos de la señora Trent. ¡Tiene usted una llamada telefónica internacional!

Gracias a una carrera de relevos se había transmitido el mensaje hasta la otra punta del campus, que era donde oportunamente me encontraba yo, a casi un kilómetro del despacho. Miré a los chicos que estaban con Juan Salvado, haciéndoles señas de que se lo llevaran otra vez a la terraza, sin esperarme.

Para las llamadas internacionales había dos tipos de servicio. La opción más barata se cobraba por minuto de principio a fin de la llamada. La otra, «personal», costaba el doble, pero no empezaba a cobrarse hasta que llegaba la persona solicitada al aparato y empezaba a hablar. Si por algún motivo no estaba disponible el receptor, no se pagaba nada.

Lo único que pude intuir era que había sucedido algo desagradable. No había ninguna otra razón posible para que recurriesen a una llamada internacional. Por algo se decía que la falta de noticias ya era buena noticia, ¿no? Era evidente que se había muerto alguien. Me pasaron varias posibilidades por la cabeza. Mis abuelos ya eran octogenarios. Al irme gozaban todos de buena salud. Mis padres andaban por los sesenta, y por carta no habían dicho que les ocurriera nada. ¿Algún hermano o amigo íntimo? No parecía muy probable. En momentos así es cuando te das cuenta de que tienes preferencias. Por favor, que no sea… Se apoderó de mí una gélida ansiedad. Noté que palidecía, a la vez que se me formaba en la frente un sudor frío que no tenía nada que ver con el esfuerzo del partido. Procuré mantener la compostura, al menos de puertas hacia fuera.

Puse rumbo al despacho de administración, corriendo para no tardar, pero también caminando a ratos, a fin de llegar con el aliento necesario para contestar.

¿Por quién tendría que tomar el avión de regreso? Qué horrible pregunta… En el banco tenía dinero para volver en caso de emergencia, pero no para un billete de ida y vuelta. Llevaba menos de un año en Argentina, y aún no se me habían pasado las ganas de viajar, en absoluto. ¡Qué cruel giro del destino! En ese momento el precio de un vuelo de ida a mi país equivaldría al de un coche familiar. ¡No esperarían que pagara tanto por un pariente lejano a quien quizá ni tan siquiera conociese! En cambio, si… No, por favor, que no fuera…

Llegué al despacho con el corazón desbocado y me quité las botas manchadas de barro antes de entrar. Sarah me sonrió con amabilidad y cara de preocupación. Era la secretaria del internado, una mujer muy comprensiva y servicial a la que recurrían los expatriados jóvenes cuando necesitaban un poco de atención y de cariño.

El auricular estaba encima de la mesa, al lado de la base. Era negro, de mal agüero. Lo odié por el dolor que estaba a punto de infligirme. Sarah lo levantó y lo cubrió con la mano.

—No te des prisa, que es llamada personal. Espera a haber recuperado el aliento. Respira hondo un par de veces —me aconsejó—. Ahora veo que llega. Tardará un par de minutos —mintió a la operadora internacional.

Dejó el teléfono en su sitio, salió de detrás de la mesa y me sonrió, compungida. También tocó un poco mi antebrazo con los dedos. «Sé fuerte», era el mensaje. Después salió del despacho y dejó la puerta bien cerrada, para darme intimidad.

Respiré profundamente y levanté el auricular.

—¿Diga? —contesté con toda la firmeza que pude.

—Hola. Soy la operadora de llamadas internacionales. Tengo una llamada personal para Tom Michell, de parte de su madre. ¿Es usted? —respondió una voz aguda, que parecía estar muy lejos.

Me llamaba mi madre… Señal de que… Me quedé deshecho. Estaban a punto de venirse abajo los cimientos de mi mundo. Se me tensó la barriga. Lo sabía.

Hablé casi a gritos con el lejano hilo de voz.

—Sí, soy yo —respondí.

—Ya puede hablar, señora —dijo ella.

—¿Hola, mamá?

—Hola… ¿Eres tú, Tom? ¿Me oyes, Tom?

—Sí. ¿Puedes hablar más alto? Es que casi no te oigo.

—¿ASÍ MEJOR? ¿AHORA ME OYES?

—SÍ, AHORA SÍ.

—¡AH, HOLA, CARIÑO! ¡FELIZ CUMPLEAÑOS!

—¿QUÉ?

—¡Que feliz cumpleaños, cariño! ¡Te llamo para felicitarte!

Se me atragantaron varias emociones a la vez. ¿Era mi cumpleaños? Sí. ¿Y solo llamaba por eso? ¿De verdad? ¡Estaban todos vivos, todos bien!

Hablamos un ratito. Yo disimulé, mientras con gran dificultad trasladaba mis pensamientos y palabras desde el luto de las tumbas a los globos de cumpleaños, en un desesperado esfuerzo por parecer contento de oírla. No quería reconocer cuánto me había asustado su llamada. De todos modos, mi madre no parecía muy atenta.

Bruscamente me cortó.

—Oye, ¿cómo está el pobre pingüino? Me tenía muy preocupada. ¿Tú crees que come bastante? —Hice lo posible por despejar todas sus dudas acerca de mis atenciones pingüiniles—. Es que tenía que saber que Juan Salvado estaba bien. Bueno, oye, que tengo que sacar a pasear a los perros. Cuando vea tu padre la factura, le dará un infarto. ¡Asegúrate de que cuidas bien a mi querido pingüino! ¡Le he hablado de él a todo el mundo!

—¿Va todo bien? —preguntó Sarah cuando colgué y abrí la puerta sin dar explicaciones—. Te he hecho un té. Pensaba que podían ser malas noticias…

Me miró a la cara en busca de pistas, dispuesta a darme un abrazo de consuelo si era lo que necesitaba.

—Muy amable de tu parte —dije yo—. No pasa nada. Mi madre, que llamaba para felicitarme el cumpleaños. ¡Se me había olvidado! ¡Al menos creo que me llamaba por eso, aunque también puede ser que fuera para asegurarse de que cuido bien a Juan Salvado!

Nos miramos un momento, hasta que nuestras expresiones pétreas se descompusieron y empezamos a reír. Las lágrimas que había en mis ojos eran de risa. Todo estaba en su sitio. Salí del despacho tambaleándome como un borracho. Mis músculos se habían convertido en gelatina.

El zenit de la temporada de rugby, y el derbi local, era el partido contra nuestro archienemigo, St. Boniface. Eran duelos a muerte, sin cuartel. El encuentro se celebraba siempre en último lugar, porque en opinión general se trataba de las dos mejores escuelas de rugby de todo Buenos Aires.

El día del partido contra St. Boniface era siempre un gran evento. Las dos escuelas se alternaban cada año como anfitrionas, y cada uno de los cinco cursos presentaba un equipo. Los Sábados de Partido de St. Boniface eran algo especial. Por la mañana las clases acababan antes que de costumbre, para que se pudiera almorzar algo ligero antes del partido, seguido a su vez por un suntuoso «asado» (una colosal barbacoa argentina) para todos los participantes.

Al ser tan encarnizada la rivalidad siempre traían a los árbitros de fuera, y se hacía todo lo posible para que reinara la máxima deportividad. Otra ventaja de anular algunas clases matinales era que los partidos de los más pequeños empezaban unos tres cuartos de hora antes del primer partido de rugby a quince, para que los jugadores de menor edad pudieran asistir al clímax de la competición de los mayores y apoyarlos.

Durante las semanas anteriores todos los entrenamientos de St. George se habían centrado en que el equipo estuviera en la mejor forma posible, practicando hasta que todos los jugadores supieran con exactitud qué hacer. Se alternaban ejercicios con pesas y carreras de velocidad en la pista de atletismo con ensayos de táctica en el campo de juego, llevados a cabo con una precisión militar. En cuanto a la estrategia, se explicaba con rigor en las aulas, con pizarras para describir las maniobras a ojo de pájaro. No se dejaba nada al azar. Incluso el director tenía por principio asistir a alguna parte de todas las competiciones del año, y nadie ponía en duda la importancia de los resultados para el prestigio del *college*. Cuando el decisivo encuentro con St. Boniface se aproximaba, el director empezaba a asistir personalmente a los entrenamientos, y el equipo técnico de rubgy de los mayores sacrificaba su tiempo libre para ayudar a dar consejos a los pequeños. Los paseos que hacía Juan Salvado por la tarde le permitían comprobar de primera mano los avances de cada equipo.

Dado que no en todos los colegios de Buenos Aires se jugaba al rugby, muchos de los chicos conocían bien a sus rivales de la misma edad, y en consecuencia cada equipo tenía una idea bastante clara de los puntos fuertes y débiles de sus adversarios. Naturalmente, los resultados de otros partidos interescolares eran de dominio público.

En el nivel de menos de catorce años St. Boniface contaba con un jugador especialmente hábil, con fama de ser quien les ganaba los partidos. Intrépido en los placajes, era también el mejor velocista de cien metros de su edad en toda la provincia. No parecía del todo deportivo que se apellidase Walker («caminante»).

Walker jugaba en la posición de zaguero y era un defensa tan seguro que los otros catorce integrantes del equipo podían concentrarse en atacar, debido a la confianza que les inspiraba; pero era tal la destreza con que leía Walker los partidos que a veces lograba sumarse a los ataques en momentos clave, aportando así un jugador de más. Si Walker conseguía el balón, se podía estar casi seguro de que marcaría un ensayo. Jugaba desde los seis o siete años, cuando había empezado con el minirrugby, y desde que los chicos jugaban partidos de competición casi siempre había sido el capitán.

El capitán del equipo de menos de catorce de St. George se llamaba Luis Fernández, y pese a ser un chico alto y corpulento para su edad y tomarse muy en serio sus responsabilidades, en comparación con Walker jugaba un rugby pedestre. Desde el saque de centro se mascaba la tensión, pero pronto se convirtió en un simple y laborioso tira y afloja en que los dos equipos intentaban ganar la posesión del balón. Cada equipo pugnaba por el control y se empeñaba al máximo en aplicar un plan para marcar, mientras el equipo contrario recurría a todas sus capacidades para que no llegaran a buen puerto las tentativas del rival.

Era un partido irregular, sin mucho brillo. Los espectadores tenían la impresión de que el mejor equipo era St. Boniface. El primer error grave lo cometió St. George justo antes del medio tiempo. De resultas de una mala jugada el balón salió con ventaja para el equipo de casa, y se apoderó de él uno de nuestros delanteros, que intentó hacer un pase largo y bajo a los backs, pero estaba demasiado cerca de nuestra línea de marca, y nuestros jugadores no estaban bien colocados. Walker hizo una lectura inmaculada de la situación. Corrió como el viento desde las diez yardas e interceptó el balón durante el pase del lanzador al receptor. Después, sin detenerse, dejó atrás a los consternados jugadores de St. George, que o bien estaban quietos o corrían hacia donde no debían, incapaces de frenarlo, y en un par de segundos tocó el suelo con la pelota y marcó el primer ensayo del partido, cerca de la línea de banda, adelantando cuatro puntos (en aquella época) a St. Boniface. Por suerte el chutador no pudo mandar la pelota por encima del larguero, por la dificultad del ángulo, y no anotó dos puntos más.

Cuando el árbitro pitó la media parte St. Boniface ganaba por cuatro a cero. Los jugadores de ambos equipos se retiraron a los extremos del campo para hablar del partido con sus respectivos entrenadores. Antes de que la publicidad empezara a decirle a la gente que era imprescindible beber agua cada pocos minutos en botellas de plástico importadas de muy lejos y con grandes costes, los jugadores de todos los niveles sobrevivían los setenta u ochenta minutos de un partido de rugby sin recargar el organismo con otra cosa que un gajo de naranja durante la media parte. Al portador de este refresco lo acompañaban las «bajas», que para animar a sus compañeros llevaban consigo, claro está, a Juan Salvado. Tras las sabias palabras de ánimo de sus entrenadores, los miembros del equipo iban a depositar las pieles de naranja en un cubo, momento en que se agachaban para acariciarle la cabeza al pingüino, su mascota, a fin de que les diera suerte. Estas libertades trataba de evitarlas Juan Salvado corriendo en sentido contrario a quien tenía delante, hazaña posible gracias a su visión panorámica. A partir de un momento los jugadores volvieron al campo, y Juan Salvado siguió acicalándose, con las pausas habituales para mirar cada pocos segundos a su alrededor, aletear con energía, examinarse las plumas, sacudir la cabeza y caminar de vez en cuando entre las piernas de los chicos.

Después de los cinco minutos de descanso se reanudó el partido al calor de la tarde. A Juan Salvado se lo llevaron sus guardianes al punto más seguro del campo, el extremo del equipo rival, detrás de los postes. A St. Boniface, para ganar, le bastaba impedir que marcase St. George, que en cambio necesitaba marcar dos veces para alzarse con la victoria. Nadie creía que el equipo de casa tuviera muchas posibilidades de ganar.

Walker acaudillaba sus tropas con la seguridad y sangre fría que le daban sus dotes de jugador sin par y su experiencia. Sus compañeros aceptaban sus órdenes sin rechistar. La posición estratégica de Walker al fondo del campo le permitía verlo todo, como un general. Fernández no tenía tanta experiencia. Se notaba el contraste. Mientras Walker, sereno y relajado, controlaba al máximo tanto el partido como sus emociones, Fernández hacía todo lo que estaba en su mano por obtener la victoria, pero estaba rojo y agotado, con el pelo empapado de un sudor que le caía a chorros por la cara. Había intentado estar en todas partes a la vez, dando ánimos e indicaciones a grito pelado al resto del equipo y disputando con todas sus fuerzas la posesión del balón. Pasaban los minutos, pero el juego se empecinaba en no salir del campo de St. George, clara señal de que el mejor equipo estaba siendo St. Boniface. Todos tenían la seguridad de que un segundo ensayo les aseguraría la victoria.

Con el partido en los últimos minutos, mientras los espectadores daban por hecho la derrota y empezaban a irse para ver el de rugby a quince (que ya había empezado hacía bastante tiempo), la situación dio un vuelco. Ahora se jugaba en el centro del campo, y los delanteros de St. George se hicieron bruscamente con el control del balón. El medio melé se apoderó de él e hizo un buen pase a los backs, que empezaron a correr con la pelota. Nuestros adversarios los marcaban bien y placaban al hombre.

Cerca de su línea de meta, Walker asistía con calma al desarrollo del partido. No estaba preocupado. Disponía de un defensa para cada atacante de St. George. Fernández, por su parte, se estaba levantando para correr en ayuda de sus compañeros. Pidió a gritos el balón, y se lo pasaron. De repente, en los segundos finales, todo se redujo a aquel choque, a un simple uno contra uno entre los dos capitanes.

Walker sonrió, consciente de que era el mejor jugador. Todos los demás se habían quedado quietos para ver el desenlace. Fernández pedía ayuda a gritos. Walker sonrió más que antes al ver que se le abría otra oportunidad. Fernández solo podía optar entre un pase muy largo o un placaje por parte de Walker.

Si se decidía por el pase Walker tendría bastantes posibilidades de interceptarlo, como en otros momentos del partido, y marcar el segundo ensayo. Si, por el contrario, Fernández no pasaba el balón, Walker se limitaría a placarlo; así el balón se caería al suelo, quedaría fuera de juego y saldría vencedor St. Boniface.

Fernández se preparó para ejecutar el pase largo. Tras calcular con una rápida ojeada su distancia respecto al segundo capitán (que, si bien con retraso, llegaba corriendo en su ayuda), lanzó los brazos a la izquierda para ejecutar un descomunal pase a la derecha. Cruzó con todas sus fuerzas los brazos frente al cuerpo, tratando de impulsar el balón hasta su compañero. En ese momento llegó corriendo Walker, para interceptarlo con una sincronización de perfección felina, pero no se dio cuenta a tiempo de que en realidad Fernández no había soltado el balón. ¡Había fingido el pase! Un truco de lo más sencillo, pero que engañó a Walker.

El impulso del pase simulado cambió la trayectoria de Fernández, que después de unos pasos estampó el balón contra el suelo y marcó un ensayo justo debajo de los postes de St. George. ¡Cuatro a cuatro! El árbitro pitó.

—¡Sí! —gritó Fernández—. ¡Sí! ¡Igual que Juan Salvado! ¡He mirado hacia un lado y he corrido hacia el otro!

Los aplausos y vítores impidieron oír el resto de sus palabras. También Juan Salvado aplaudía como loco con sus alas y miraba feliz a los demás, dejándose aclamar por su contribución al drástico vuelco que la situación había sufrido en nuestro beneficio. De vez en cuando paraba y sacudía vigorosamente la cabeza con una especie de gesto de humildad, como los directores de orquesta cuando intentan redirigir parte de la ovación hacia los músicos.

Se hizo el silencio mientras el chutador de St. George se disponía a hacer la transformación más importante de su vida. Estaba justo delante de los postes. Solo con que hiciera pasar el balón sobre el larguero, nos darían dos puntos más y ganaríamos el partido. Lo puso en el suelo, dio tres pasos hacia atrás, bajó la cabeza, alineó el balón con los postes, hizo una pausa, respiró profundamente, aceleró y chutó. El balón salió disparado en línea recta, por donde tenía que ir. El árbitro pitó el final del encuentro. La afición del equipo local se deshizo de nuevo en aplausos. ¡Victoria por seis puntos a cuatro!

Los capitanes, como buenos deportistas, se dieron la mano y saludaron de igual forma al árbitro y a los entrenadores del equipo contrario. Juan Salvado volvió a su terraza para un reposo más que merecido, pero cuando todos abandonaban ya el campo se oyó que Walker le comentaba a su padre que a su modo de ver los entrenadores de St. Boniface podían aprender unas cuantas cosas del pingüino.

13

Una visita a casa de María
En que se amplía el círculo de admiradores de Juan Salvador

Mis planes eran salir para Península Valdés (donde investigaría hasta qué punto era viable y práctico soltar a Juan Salvado en las colonias de pingüinos) durante la semana de vacaciones de medio curso. Como en mis ausencias esporádicas de St. George Juan Salvado quedaba al cuidado entusiasta de María, con la ayuda de los delegados, pensé en pedirle primero a ella si estaba dispuesta a ocuparse del pingüino hasta mi vuelta. Lo hice, y su sonrisa confirmó que no era demasiado pedir. Dijo que en su casa había varios gallineros, no todos ocupados. Quedamos pues en que el día antes de mi viaje de reconocimiento la acompañaríamos los dos hasta su casa a la salida del trabajo.

Del internado a la casa de María solo había un corto paseo a pie. Desde que era viuda vivía con su hermano en su casa natal, donde colaboraba en las faenas domésticas, igual que de pequeña. Aparte de preparar la comida en la cocina daba de comer a las gallinas y los cerdos, lavaba y zurcía la ropa, cuidaba a los niños pequeños cuando sus madres estaban trabajando y sacaba agua del pozo; todo lo que requería una gran familia extensa.

A la hora prevista, Juan Salvado y yo esperamos a que saliera del cuarto de costura y nos fuimos los tres para su casa con el pescado que cargaba yo. No teníamos prisa. De hecho María nunca la tenía. A Juan Salvado le costaba muy poco seguir su paso. Mis dos acompañantes caminaban, relajados, con un bamboleo idéntico que me hizo pensar en dos metrónomos.

Supe por María que en tiempos de su padre habían repartido tierras a las familias dispuestas a ganarse la vida trabajándolas. Las tierras del lado del río, poco fértiles y pedregosas, habían sido divididas en cuadrados de cien metros de lado, y entre los agradecidos receptores había figurado tiempo atrás el padre de María, que se había hecho una casa de madera que al principio solo tenía una habitación. A su familia la había criado trabajando de peón por días y, cuando no encontraba empleo, trabajando en casa. Creo que María me dijo que en un momento dado habían vivido once personas en la misma casa. Con el tiempo los mayores de los varones se habían ido a buscarse la vida por esos mundos, solo con lo puesto, y las chicas, casadas con hombres de familias similares, habían repetido el ciclo.

—¿Cuáles son tus primeros recuerdos, María? —pregunté.

Había descubierto que a la gente mayor le encantaba hablar del mundo que tenía en la memoria, y que se abría entonces, invariablemente, una cornucopia de prodigios.

—Ah, pues cosas sencillas: recoger los huevos de las gallinas para el desayuno, lo fresco y oscuro que se estaba dentro de casa, lo que brillaba fuera el sol, y el calor que hacía… Me acuerdo de lo guapa que era mi madre, y de lo fuerte que era mi padre, y de cómo chirriaban la puerta y la bomba del pozo. Me acuerdo de que me llevaron a ver los primeros trenes en la estación de Quilmes. Nunca me había imaginado que pudiera haber algo tan grande, potente y ruidoso. ¡Casi me morí del susto! También me acuerdo de haber visto los primeros coches en Quilmes. ¡En esa época, para tener un coche había que ser increíblemente rico!

—Ya me gustaría a mí poder comprarme un coche… —dije, no sin tristeza, mientras pensaba en el mío de Inglaterra, apoyado en bloques y tapado con lonas—. ¡Sería mucho más fácil llegar a Valdés! ¿Has querido tener alguna vez un coche, María?

Le sorprendió la ocurrencia.

—¡No, por Dios bendito! ¡Nunca en la vida! ¿Qué iba a hacer yo con un coche? —Se rió—. Yo solo quiero cosas que me hagan feliz. ¡Hay tanta gente que se obsesiona con cosas que nunca la harán feliz!

—¿Y qué te hace feliz a ti, María?

—¿A mí? A mí me hacen feliz mis hijos, y mi familia, y mis amigos. Me hace feliz cultivar cosas. Las flores de las tomateras, las frutas cuando engordan… Me hacen feliz las gallinas, y los cerdos, y las cabras. También me hace feliz mi trabajo. —Se quedó un momento callada—. Me hace feliz envejecer al lado de mis seres queridos.

Pensé un momento en su frase, tan profunda.

—¿Los pingüinos te hacen feliz, María? —pregunté, mirando a Juan Salvado, que iba con nosotros absorbiendo la conversación.

María se rió en voz alta.

—¡Y tanto! Los pingüinos me hacen muy feliz —dijo. De repente Juan Salvado levantó la vista, para saber de qué nos reíamos—. ¡Pues claro que me hacen feliz los pingüinos! ¿Quién no estaría feliz caminando a finales de la tarde por este camino de tierra con un pingüino?

Juan Salvado nos sonrió efusivamente. A partir de ese momento caminamos sin decirnos nada. Yo observaba a Juan Salvado, que miraba sin parar a todas partes: el camino, las plantas, las valles de ambos lados, a nosotros…

A aquel ritmo tan pausado tardamos una media hora en llegar a la casa de María, que me sedujo con su mezcla de edificios pequeños, cercados, árboles, arbustos y campos, cultivados unos, los otros en barbecho. Parecía el sitio ideal para que Juan Salvado estuviera protegido y entretenido.

Justo entonces, sin embargo, apareció de la nada un perro enorme, del tamaño de un lobo, que saltó rabioso por encima de una tapia y echó a correr hacia nosotros. Tenía las orejas pegadas a la cabeza y enseñaba unos dientes muy blancos entre los que asomaba una lengua roja y rodeada de babas, en contraste con la malevolencia de su mirada. Levantando nubes de polvo aceleró los pocos metros que nos separaban de él. Vacilé un segundo, no sabía si defender a Juan Salvado levantándolo en brazos o atacando directamente al perro, pero durante mi titubeo quedó claro que no era a Juan Salvado a quien había elegido el animal como víctima, sino a María. Sin darme tiempo de reaccionar, se le echó contra el plexo solar y dejó su cuerpo sin respiración, haciendo que se tambalease y tuviera que aferrarse a la cabeza del perro para no caerse. Me sorprendió que María no saliera volando. El perro tenía hundida la cabeza en su abdomen, atacándola con frenesí, y agitaba la cola como si lo impulsara al modo de una hélice.

—¡Uuuffff! —exhaló María en el momento del impacto.

Yo, anonadado por la rapidez de la embestida, miré con estupefacción y horror, hasta que me di cuenta de que María había empezado a acariciarle las orejas.

—Pero ¡qué tonto eres, Reno! Que sí, que ya he vuelto. Venga, apártate.

A Juan Salvado, por su parte, no le había causado sobresalto alguno la dramática aparición del sabueso, claro pariente sudamericano del de los Baskerville, ya que siguió oliendo unos ranúnculos que habían llamado su atención al borde del camino.

—¡Reno!

Era una voz de hombre, al otro lado de la tapia. El perro, tan rápido como al llegar, volvió por donde había venido.

—¡María! —dije, sintiendo que aún me temblaban los músculos—. ¡Pensaba que el perro le estaba atacando!

—No, si solo es un cachorrillo juguetón. Pronto se calmará —respondió ella mientras se arreglaba el abrigo y recuperaba la respiración—. Aunque se equivocaría el que intentase entrar sin que lo inviten en las tierras de mi hermano. Venga, que se lo presento. ¡Ah, ya está aquí!

Se oyó el ruido de una verja sin engrasar. Quien nos la abrió fue un hombre corpulento y moreno de edad muy avanzada, cuyo cuerpo, todavía fuerte, delataba una vida de trabajo, y cuyos ojos brillantes no desdecían su sonrisa.

Me dio la mano al otro lado de la verja.

—Bienvenido a nuestra casa, señor —dijo—. Soy Mano. Espero que no lo haya asustado Reno. A algunos les da miedo, pero no le haría daño ni a una mosca. ¿Verdad que no, chiquillo?

El perro meneó aún más deprisa la cola, que levantó una nube de polvo. Se había echado a los pies de su dueño, con la cabeza erguida, muy atento. Jadeaba con la lengua fuera, más por contención que para recuperarse, esperando una orden. Tenía un ojo verde y el otro rojo, y ambos me observaban detenidamente. Algo en la actitud del perro parecía indicar que se reía de mí.

—¡Ah, y este debe de ser Juan Salvado! —añadió Mano con una profunda inclinación, mientras miraba al pingüino que se acercaba observando aquel lugar desconocido—. Bienvenidos los dos. Pasen, que beberemos algo. ¡Nola! ¡Han llegado los invitados! ¡Reno, a la cama! ¡Mateo! ¡Donna, Gloria! ¿Dónde están mis nietos? ¡Venid a ver a nuestros invitados! ¡Venid!

Nada más impartirse las órdenes y empezar nosotros a ir hacia la casa, se acercó una mujer (Nola, supuse) con una gran bandeja de refrigerios varios, y aparecieron niños de distintos lugares. Una de las niñas sujetaba un conejo blanco, que parecía nervioso. El niño tallaba un palo con una navaja. Reno corrió inmediatamente hacia la casa y se metió en una caseta de madera.

Mano cambió de dirección y nos llevó a una esquina del patio de delante de la casa, al que prestaba sombra una vieja buganvilia llena de brácteas moradas alrededor de las pequeñas flores blancas. La buganvilia había crecido por una estructura de madera apoyada en varios palos.

Mano se sentó en una silla, la suya, sin duda, y me indicó a mí otra.

—¿Le apetece algo de beber? —preguntó—. Yo voy a tomar mate. ¿Le gusta el mate?

No tuve tiempo de decir que a lo que más me recordaba el mate era a una infusión de hierba seca segada en un campo donde había pastado hacía demasiado poco algún rebaño, porque Mano ya le había pedido a Nola que me lo trajese, orden a la que ella se avanzó. Al pasar junto a nosotros se ofreció a meter en la nevera mi pescado, aunque nos trajo algunos en una bandeja, para que yo pudiera enseñarles a los niños a dar de comer a Juan Salvado.

Así empezó un delicioso paréntesis durante el que aquel individuo encantador y tan singular como exasperante ordenaba a quienes lo rodeaban que hicieran lo que ya habían hecho, e hilvanaba comentarios incesantes sobre cosas que ya veíamos perfectamente todos:

—Donna, chiquilla, mete el pescado en la nevera, deprisa, antes de que se estropee.

»María, tráele al señor otro cojín, que necesita un cojín más.

»Mateo, ¿dónde está tu hermano Ernesto? Dile que venga enseguida, que lo necesito.

»¡Donna! ¿Dónde estás, chiquilla? Nunca estás donde tienes que estar. Ven, chiquilla. Ve a decirles a los vecinos que vengan a conocer al señor y al pingüino Juan Salvado.

»Gloria, trae algo de pescado y dale de comer al pingüino, que estará cansado de tanto caminar. Quiero ver cómo come.

(Nola ya había puesto unos cuantos espadines en una bandeja, que había dejado a mi lado.)

—Ah, Ernesto, por fin apareces. Me alegro. Ve a buscar más sillas.

(Se lo dijo a un joven que apareció tambaleándose bajo un

montón de sillas que procedió a distribuir para un nutrido grupo de personas.)

—¡Nola! ¡Ven aquí, mujer! Ven a ver este pingüino, que es precioso. ¿A que sí? ¡Fíjate cómo se rasca la cabeza con la pata! María, ¿sabías que lo encontró este señor en Brasil, y lo trajo hasta aquí? ¡Nola! ¿Dónde estás?

»Bueno, Ernesto, ahora reparte las sillas en círculo para que se siente mucha gente. ¡Ernesto!

»¡Ah, Nicolás, Martina, ya estáis aquí! Bienvenidos, vecinos. Venid a ver esta maravilla de pingüino. Mirad, se rasca la cabeza con la pata. ¿Habías visto cosa parecida? Sentaos, sentaos. Muy bien.

»¡Ja, ja, ja! ¡Mirad el pingüino! Martina, saca un poco de pescado de la nevera, que quiero ver cómo se lo come el pingüino. ¿Tú no, Nicolás?

»¿Qué hace aquí un conejo? ¡Llévatelo, chiquilla!

»¡Ah! Por fin has vuelto, Mía. ¿Qué te tenía tan ocupada? ¡Bueno, da igual, ven a ver este pingüino!

»¡Martina! ¿Ya has encontrado el pescado? María, ve a enseñarle a Martina dónde ha guardado Donna el pescado.

Empujé la bandeja hacia él.

»¡Ah! ¡Ya está, ya los he encontrado! ¡Venid, venid todos a ver esto! ¡Juan Salvado va a comerse unos pescaditos! Voy a dárselos yo. ¿Habías visto alguna vez un pingüino, vecino? ¡Mira cómo se rasca la cabeza!

Cogió un pescado y lo levantó. Juan Salvado esperó pacientemente a que estuviera a su alcance, pero entonces Mano se distrajo con otra cosa, y el resultado fue que siguió habiendo más de un palmo entre el pingüino y el pescado.

—Mirad todos, que acaba de llegar Joaquín. ¿Lo has hecho todo? ¿Tal como te dije, Joaquín? No habrás tenido problemas, espero… Ven a ver este pingüino, Joaquín. Es que lo rescataron, y se va a quedar unos días con nosotros. Mira, ¿sabes qué? Como tengo alambre, quiero que te asegures de que le quede bien cerrado el gallinero. ¡Ah! ¿Dónde está el alambre? ¡María! ¿El alambre dónde lo he metido? ¡Ayyy!

Justo entonces Juan Salvado le arrancó el pescado de la mano, y casi se llevó los dedos. Mientras hablaba, Mano había ido bajando lentamente el brazo. Una vez que Juan Salvado tuvo a su alcance el pescado, no se anduvo con ceremonias. El pescado desapareció con el sonoro «clac» de siempre. Mano levantó la mano de golpe.

—¡Anda! —dijo mirándose los dedos—. ¿Lo habéis visto? ¡Venid todos a ver esto! Fijaos en lo deprisa que se come los pescados el pingüino. ¡No había visto cosa igual! Gloria, chiquilla, ven aquí, que así el siguiente pescado se lo das tú. Hazlo como acabo de enseñártelo. Venga, chiquilla, que no te hará daño.

Gloria respiró profundamente, cogió un pescado y se lo tendió con valentía a Juan Salvado, pero mucho más atenta que Mano en su demostración.

Los comentarios incesantes de Mano siguieron en la misma línea. Cada vez llegaba más gente, amigos, parientes y vecinos, y perdí enseguida el hilo de los nombres que con tanto cuidado me decía Mano. Se sentaron en sillas o en el suelo, tomando mate en semicírculo alrededor de Juan Salvado, el cual, tan contento como siempre de ser el centro de atención, hacía todo lo posible por robarle el protagonismo a Mano. Se acicalaba el plumaje y comía pescado para admiración de su público, que estaba como hipnotizado.

La satisfacción de Juan Salvado era absoluta, como siempre que gozaba de amistosa compañía, así que me resultó fácil despedirme de María y marcharme sin ser visto para emprender mi viaje de visita a los pingüinos salvajes, sin la menor duda de que en los cuatro o cinco días que estuviese fuera ella y los demás lo cuidarían.

«¿Saldrá algo de este huevo o no?»

14

A la intemperie entre pingüinos

En que visito colonias de pingüinos y conozco de cerca otras especies animales

Llegó el siguiente día, y con él la anhelada expedición a Península Valdés. Me había esforzado al máximo por tenerlo todo preparado para salir de Buenos Aires en cuanto pudiera. Llevaba una carpeta llena de documentos, autentificados uno por uno por un notario de la zona, para demostrar que el propietario legal de la moto era yo, y otro juego para validar la buena fe del notario en cuestión. Un dato interesante es que ninguno de los documentos que se me solicitó tenía algo que ver con el estado de circulación del vehículo.

Había confeccionado cuidadosamente dos alforjas de moto en los talleres de St. George, a base de conglomerado y cuñas de aluminio, para las dos ruedas de repuesto que me llevaría como parte integrante del exhaustivo kit de herramientas cuyo objetivo era mantener en buen estado la Gilera 200cc a lo largo de la expedición. Mi inflexible determinación me había permitido incorporar a mi equipaje gasolina y aceite de repuesto, una tienda, un saco de dormir, un fogón de alcohol y una serie de minúsculas raciones, así como una muda y un kit de primeros auxilios de bolsillo. ¡Me esperaba la vida al aire libre, la intemperie!

Me llevé la moto en tren hasta Bahía Blanca. Era una maravilla lo barato que salía el ferrocarril, solo unos pesos por kilómetro. Rápido no era, y las distancias resultaban enormes, pero gracias a él podía recorrer los primeros ochocientos kilómetros y pico en menos de un día. Tuve que viajar en el furgón de cola, con la moto y mis demás pertrechos, porque no estaba seguro de que no corrieran peligro si los dejaba sin vigilancia.

Goza Argentina de una costa larga y espectacular que en algunas partes constituye un criadero muy interesante para las aves y los animales marinos. Una de ellas es Península Valdés, a unos mil quinientos kilómetros de St. George por carretera. Famosa por sus colonias de pingüinos, pero también por sus leones y elefantes marinos, y por sus ballenas, está situada en la esquina nordeste de la provincia de Chubut, en el sur del país, provincia mayor que la suma de Inglaterra y Escocia, y es prácticamente una isla, ya que solo se conecta con tierra firme por un istmo muy estrecho. La superficie de Península Valdés es casi idéntica a la de Cornualles o Long Island, y si a algo se parece es a la forma de un pingüino embrionario, unido a la costa por un cordón umbilical. Existen, por ello, dos grandes golfos de aguas muy tranquilas cuya superficie total equivale a la de la «isla». Esta combinación de corrientes marinas, latitud y topografía ha dado como fruto un lugar muy deseable para las reuniones anuales de aves y mamíferos pelágicos. Aún a día de hoy la población humana total de la provincia de Chubut no es mayor que la de Cornualles (cerca de medio millón de personas). Son parajes que ofrecen paz y soledad, lo cual también explica la riqueza de su fauna. Antes de conocer a Juan Salvado yo ya tenía ganas de explorar esta agreste y maravillosa región.

Me daba cuenta de que viajar sin compañía en un lugar tan aislado me exponía a diversos peligros. Por aquel entonces los argentinos que se lo podían permitir tenían guardaespaldas, y las armas de fuego eran legales, disponibles y baratas, por lo que muchos viajeros las llevaban encima, aunque se resistieran a admitirlo. Yo me había planteado a menudo la compra de una de estas armas, pero tenía mis dudas de que redundase de veras en una mayor seguridad.

Me desplacé desde Bahía Blanca por la costa hasta llegar a San Antonio, y de ahí a Valdés. Avanzaba sin problemas, sorprendido por el buen funcionamiento de la moto. Llenaba los depósitos de gasolina siempre que podía, y preguntaba cuánto estaba de lejos el siguiente punto de suministro. En cuanto al combustible de mi cuerpo, lo encontraba en pequeños restaurantes de carretera, y siempre reponía mis reservas de comida para un par de días.

Península Valdés sorprende mucho por su geología, plana y semidesértica, pero así el contraste con su rica fauna es todavía más excepcional. No había carreteras asfaltadas. Siempre me seguía una nube de polvo. Desde las elevaciones veía playas largas y curvadas, tras las que se extendía el mar. En las zonas de vegetación escasa era fácil salirse del camino con la moto y hacer pequeños desvíos para obtener mejores vistas. Llevado por el entusiasmo, me había imaginado que sería fácil encontrar pingüinos; tanto, que tal vez corrieran a mi encuentro en masa, como Juan Salvado cada mañana en la azotea. En vez de eso lo que vi en las playas de la península fueron pinnípedos (elefantes y leones marinos y focas) que se reunían en gran número para la temporada de apareamiento y para la cría.

Los machos adultos de león marino sudamericanos son unos animales espléndidos, que merecen su nombre. La verdad es que su morro chato, su enorme cabeza y la majestuosa melena de pelaje marrón anaranjado que les cubre los hombros les dan un aspecto propiamente leonino. Reunidos en la playa, defendían sus territorios y sus harenes levantando al máximo la nariz para dominar a sus rivales.

La popularidad entre estos seres de las aguas que rodean Península Valdés convierten estas últimas en un coto de caza privilegiado para las orcas que dan vueltas frente a sus costas, pero yo he sido testigo de que estos animales sorprendentes, los leones marinos, saltan del agua y trepan por cuestas inclinadas para acceder al refugio que les brindan las mesetas que caracterizan la costa de Península Valdés. Los adultos consiguen aferrarse a pendientes escabrosas, sacar del agua a las crías indefensas y ponerlas en lugar seguro sujetándolas por la nuca.

No había por aquel entonces ninguna barrera entre la fauna salvaje y los turistas como yo, así que fue la discreción lo que me hizo mantenerme siempre como mínimo a unos treinta metros.

Era la distancia a partir de la que ellos giraban hacia un lado la cabeza, metían las mejillas y me miraban con ojos húmedos y brillantes, gesto que decidí respetar.

Los machos de elefante marino son mucho, mucho mayores aún que los leones, y también mucho más feos, ya que en el lugar donde sería razonable esperar una nariz poseen una protuberancia colgante que parece una gran bota arrugada. El macho adulto de esta gigantesca especie puede superar los siete metros de longitud y las cuatro toneladas de peso, más del doble de largo que un león marino, y más de diez veces su peso. Ni tan siquiera treinta metros parecían un margen de seguridad adecuado, a pesar de que en tierra son mucho menos ágiles que los leones marinos, que en comparación con ellos parecen el epítome de la elegancia.

Mi vista topaba por doquier con duelos de una violencia aterradora en que los grandes machos de las dos especies se disputaban el dominio de la zona. En un combate especialmente macabro, el perdedor acabó lanzado por un precipicio. Los combatientes se erguían y caían como troncos sobre el adversario, cuya carne llenaban de cortes, mordiscos y desgarrones sin fijarse en las hembras y las crías a su alrededor. Eran choques que hacían temblar el aire, e incluso, parecía, la propia playa. Era horrible el espectáculo de las heridas, las del vencedor y las del vencido. No me sorprendió no encontrar ningún pingüino cerca de aquellos territorios.

Más lejos de la costa, entre pastos y matojos, vivían el ñandú, un ave que no vuela, similar al avestruz, cuya altura ronda el metro cuarenta, y el guanaco, pariente del camello pero similar al ciervo. Dado que ambos eran considerablemente más altos que la vegetación, destacaban mucho y me miraban con recelo cuando me acercaba demasiado, pero si me ceñía a los caminos de tierra me dedicaban tan solo un interés pasajero.

En toda esta visita, la primera que hice a Península Valdés, no vi a ningún ser humano. Tampoco pingüinos, a pesar de que busqué casi dos días enteros. Lo segundo lo atribuí a mi escaso conocimiento de la zona, y a los cientos de kilómetros de costa, así que, sabedor de la existencia de otras colonias más al sur, decidí reducir pérdidas, y al día siguiente puse rumbo a Punta Tombo, donde me habían dicho que hallaría con seguridad pingüinos, ya que al parecer era uno de sus criaderos favoritos.

En un momento dado, mientras iba a Punta Tombo, vi con claridad que se fraguaba una tormenta. Había bajado bruscamente la temperatura, el cielo se había oscurecido y había cambiado la dirección del viento, mucho más recio que antes. Es imposible ir en moto por caminos de tierra cuando llueve mucho. Ahora bien, lo que puede ser peligroso, e incluso mortal, es que te pille una tormenta de granizo por la pampa, ya que a veces cae piedra de un tamaño excepcional. Busqué inmediatamente algún grupo de árboles que me protegiese de la lluvia que parecía a punto de caer. Salí del camino y me refugié bajo el árbol más grande de un soto de eucaliptos, seis o siete. El ruido con que dio inicio la tormenta me tomó desprevenido. Al principio caía un granizo menudo, del tamaño de uvas, que tableteaba por las ramas, pero la mayor intensidad de la tormenta trajo consigo un aumento del tamaño de las piedras, que en su apogeo eran grandes como pelotas de golf o huevos de gallina, y al atravesar los árboles arrancaban hojas y ramas y rebotaban por todas partes con un ruido ensordecedor. Un granizo así, en caída libre, puede provocar destrozos de consideración en los cristales, los coches, el ganado y la gente. Me habían explicado que se tiene constancia de granizo del tamaño de pelotas de cróquet, capaz de matar reses. Me dejé puesto el casco de motorista y me resguardé lo mejor que pude bajo un árbol, que me protegió de casi todo. Al final amainó la tormenta, pero seguía siendo imposible continuar, porque la carretera estaba cubierta de hielo. No había más remedio que esperar a que se derritiera. Pensé en cuando Juan Salvado se refugiaba debajo de su mesa de la terraza, y supuse que cuando los pingüinos de la zona se veían asaltados por proyectiles de hielo buscaban protección dentro del agua.

La carretera secundaria que llevaba a Punta Tombo era una simple pista de tierra llena de baches, por lo que tardé un día entero en hacer el recorrido de casi doscientos kilómetros entre Península Valdés y la punta homónima. Cuando llegué, no obstante, me recibió un espectáculo tan sobrecogedor, tan espectacular, tan abundante en pingüinos de Magallanes, que comprendí que habría valido la pena incluso con la moto a cuestas.

Todo estaba cubierto de un número inabarcable de pingüinos, que se extendían hacia el norte por la costa. A diferencia de Península Valdés, para cuya exploración a fondo harían falta meses, Punta Tombo es una península de solo tres kilómetros de longitud. Yo no tenía muy clara la razón de que aquel lugar tan pequeño fuera mucho más deseable para los pingüinos (como no se debiera, a fin de cuentas, a la ausencia de pinnípedos), pero no me quedaba más remedio que considerar que un millón de pingüinos no podían equivocarse en su elección. Observé que todos hacían algo que constituía una conducta característica de su especie, según había descubierto ya. Los había que, de pie y con las alas extendidas, como espantapájaros, miraban a las otras aves sin dejar de mover la cabeza. Había pingüinos que caminaban despacio, otros que corrían, otros que se lanzaban al agua, nadaban o salían del mar para llamar a sus parejas, otros que marchaban con determinación por la playa para alimentar a sus hambrientas crías, otros que se rascaban la cabeza con las patas, o se frotaban la cabeza y el cuello contra el pecho y los flancos, otros que meneaban el trasero, otros que se arreglaban las plumas con el pico…

Sería un error descartar de buenas a primeras este cuidado de las plumas, pues se trata de una actividad a la que los pingüinos dedican mucho tiempo. Estos a los que me refiero usaban el pico para acicalarse el pecho y la espalda. Se arreglaban delante, detrás, debajo, encima y a lo largo de las alas, y en los hombros, y en el cuello, y alrededor de las patas, y entre ellas, y bajo la barriga, y en torno a la cola; en cualquier parte, de hecho, a la que tuvieran acceso sus ágiles picos. Y las plumas que quedaban fuera del alcance de estos últimos se las arreglaban con las patas.

Gracias a Juan Salvado había tenido la oportunidad de examinar las plumas de pingüino y ver que no crecen al azar, sino en hileras y columnas cuya suma forma un dibujo por todo el cuerpo. Vi que cada pingüino repasaba sus plumas una a una para asegurarse de que estuvieran todas en perfectas condiciones, con la misma atención irreprochable que mostraba a diario Juan Salvado, según una fórmula que solo ellos conocían: impermeables, flexibles y sin trabas en su movimiento. De la misma manera que las plumas han dado a las aves el dominio del aire, también les han dado el de las aguas de este planeta. Al ver de cerca este proceso comprendí hasta qué punto constituyen las plumas, en general, y las de pingüino en particular, una proeza excepcional de ingeniería evolutiva. Era inevitable maravillarse. Si los pingüinos siguen evolucionando otro millón de años, ¿son posibles nuevos desarrollos? Yo no veía ninguna posibilidad de mejora en su funcionamiento.

En Punta Tombo descubrí otra cosa, que no había podido averiguar observando a Juan Salvado. Hasta entonces no había visto la familiaridad que tenían las aves entre sí, ni lo estrechamente que se relacionaban. Muchas eran padres que cuidaban a sus crías, pero incluso las otras parecían comunicarse sin cesar mediante la mirada. Ninguno de los actos de un pingüino duraba más de unos segundos. Al cabo de ellos el pingüino se paraba y miraba a sus vecinos, de los que a juzgar por todos los indicios recababa descanso, tranquilidad o aprobación; y luego reanudaba la acción anterior o iniciaba otra. Tal era la vida social de los pingüinos. Tal era lo que a todas luces precisaba Juan Salvado, y de lo que encontraba un sucedáneo en las personas. Sin embargo, me apené sinceramente por él, porque los seres humanos no son capaces de mantener el toma y daca continuo del semáforo pingüino. Me pregunté durante cuánto tiempo habría podido vivir yo sin otra compañía que la de los pingüinos antes de sentir la necesidad de compañía humana, lo equivalente al estado en el que se encontraba Juan Salvado en St. George.

Alrededor de las playas de Punta Tombo el suelo estaba lleno de agujeros y hondonadas en los que los pingüinos dormían y hacían su nido. En algunos casos solo escondían unas cuantas plumas de la cola. En otros, por el contrario, el pingüino quedaba a tal profundidad que solo asomaba la punta de un pico. Estos últimos animales parecían los más inactivos. Tal vez estuvieran empollando huevos, o crías, o afirmando su derecho a quedarse donde estaban. Ni lo supe, ni quise molestarlos investigando más a fondo.

Los pingüinos no estaban solos en Punta Tombo. Por los alrededores pasaban pequeñas manadas de guanacos, y también conejos, y de vez en cuando algún ñandú de edad y tamaño variables. Algunas especies se encontraban a menudo a bastante proximidad de los pingüinos, pero era siempre un contacto pacífico. No llegué a ver ningún tipo de interacción, salvo en un caso. Me llamó la atención un grupo de pingüinos más agitados de lo normal, cuya conducta se diferenciaba bastante de las que había visto. Un conjunto de unos treinta ejemplares había formado una falange en forma de lágrima que se dedicaba a perseguir algún tipo de presa. Los cabecillas se lanzaban hacia ella y le daban picotazos como si le hicieran un placaje. Cuando caía la primera fila, avanzaba la segunda para formar una nueva vanguardia de ataque, dejando que los pingüinos caídos se reuniesen con el grupo por detrás. Este avance continuó por espacio de unos cincuenta metros, mientras otros pingüinos lo observaban de lejos sin hacer nada por sumarse a ellos.

Solo comprendí qué hacían los pingüinos cuando logré vislumbrar a su víctima: era un armadillo, que se escabullía de los picotazos para refugiarse entre las matas. La inexorable persecución de los pingüinos solo se detuvo cuando el animal llegó al refugio y gozó de la protección que le brindaban las tupidas zarzas. ¿Había estado robando huevos o crías? No supe si lo uno o lo otro formaban parte de la dieta de aquellos animales escamosos, pero lo cierto es que los pingüinos no toleraron su presencia en la colonia, y lo expulsaron con ahínco hasta que desapareció entre la vegetación, en la que solo él podía penetrar, gracias a su armadura. Yo, víctima también de un picotazo de pingüino, me compadecí del intruso y me froté la cicatriz del dedo, muy consciente de su malestar.

Mientras circulaba alrededor de las colonias de pingüinos, estos solo reaccionaban cuando me acercaba demasiado, momento en que se limitaban a apartarse de mi camino, dejándome en el centro de un espacio vacío. No permitían que me acercara lo bastante como para tocarlos o levantarlos del suelo. Por lo demás, sin embargo, parecían tan indiferentes a mi presencia como a la del guanaco. Cuando me senté en el suelo, siguieron con sus asuntos sin hacerme caso, como si no existiera. ¡Qué momento de dicha! Sentí una fusión total con el entorno.

El tiempo que pasé con estas aves se acabó demasiado deprisa. Recorrí la pequeña península y la costa. Todas las caletas, todas las partes llanas, estaban ocupadas y festoneadas de pingüinos. No habría sido posible encajar más de los que había en ese dedo de tierra.

Por la noche volví a acampar en los despoblados de Punta Tombo, a no mucha distancia de los pingüinos, y algunos, curiosos, vinieron a verme trabajar. El interés se les agotaba deprisa, pero enseguida los sustituían otros ejemplares, mientras yo montaba la tienda y preparaba una cena a base de patatas hervidas en agua de mar, que comí con mantequilla y conservas de pescado.

Por la mañana se quedaron a mirar cómo desayunaba, levantaba el campamento y reanudaba mi camino. Cuando llegué al extremo sur de mi viaje, durante el que me había apartado lo menos posible del Atlántico, volví hacia el norte por el lado oeste del país.

Aquel día, en concreto, me detuve poco antes de la puesta de sol, adivinando en la distancia las estribaciones de los poderosos Andes. Me aparté unos quinientos metros del camino y monté la tienda entre matas de cortadera, planta que crece a una velocidad extraordinaria, llegando a alcanzar los dos metros de altura. Desde ahí no se veía la carretera. Difícilmente daría alguien conmigo por casualidad.

Tenía una tienda pequeña y resistente, con algo tan moderno como una lona aislante integral. No había cremalleras, solo los lazos de las solapas.

Preparé la comida en un hornillo de alcohol, escribí una entrada en mi diario de viaje, acabé de comprobar el estado de la moto y los neumáticos y me acosté. Hacía fresco. Dentro del saco de dormir se estaba bien. Aún no había salido la luna decreciente, así que la noche solo estaba iluminada por las estrellas. Por lo demás la oscuridad era total. Cansado, me dormí enseguida.

Me desperté de golpe. Mientras dormía había salido la luna, que estaba en cuarto menguante, y se veía por encima del horizonte.

¿Por qué me había despertado así, sobresaltado? Presté atención. Se oían pisadas. Lentas, sigilosas… No cabía duda. Muy silenciosamente… acercándose a la tienda… ¡Y no solo de dos pies!

Hasta la última fibra de mi ser buscaba alguna pista sobre lo que se acercaba. Mi corazón latía a gran velocidad. Respiraba deprisa, a bocanadas cortas, para hacer el menor ruido posible.

También se oían otros ruidos nocturnos. Un suave céfiro agitaba las cortaderas, por las que correteaban los insectos. Otra vez: pisadas en la tierra blanda y seca. No solo las oía. Las sentía, nítidas, inconfundibles.

¿Quién podía espiarme, y por qué? Seguro que si hubieran tenido buenas intenciones se habrían identificado desde lejos, no con aquel sigilo de ladrón nocturno.

De lo que estaba seguro era de que venían por la derecha. Abrí sin hacer ruido la cremallera del saco de dormir, notando cómo se soltaba cada diente, hasta que pude sacar las piernas. Iba en camiseta y pantalones cortos. Pensé a toda velocidad. ¡Dos adversarios, como mínimo! ¿Y qué armas tenía yo? Solo un «facón», un cuchillo de gaucho. ¿De qué me serviría? Si estaban armados y venían a robar, podían pegarme un tiro y llevarse lo que quisieran sin que nadie descubriera nunca mis huesos. Lo más probable era que mis pies fueran los primeros pies humanos que tocaban aquella parcela de tierra en concreto; así de remota era la provincia de Chubut, y el paisaje en el que me encontraba.

Los pasos se acercaban, perfectamente audibles, como si unos desconocidos se aproximasen con el sigilo de un zorro por la hierba seca.

Pronto tendría que luchar por mi vida. Con lo único que podía contar era con la sorpresa. No podía dejarme acorralar en la tienda, donde quedaría indefenso. ¡Si no hubiera sido tan tonto y me hubiera llevado una pistola no estaría en aquella situación! Había sido una temeridad viajar solo. Maldije mis ansias de aventura. Los pasos ya estaban a pocos metros, y en mis manos solo había un endeble cuchillo y una débil antorcha.

Planifiqué mis movimientos mientras deshacía los nudos que ataban las solapas de la tienda. Saltaría de ella con la antorcha y el cuchillo, gritando con todas mis fuerzas «¡Pum!». Tal vez la sorpresa me diera ventaja durante el tiempo necesario para golpear primero.

Estaba listo. Las pisadas ya habían llegado a la tienda. Se oía respirar. ¡Cinco metros! ¡Menos! ¡Ahora o nunca!

Me lancé desde la tienda con la linterna encendida, gritando «¡Pum, pum, pum!» como si me fuera la vida en ello (y así era, por supuesto). Cargué a lo loco contra mis asaltantes, con la luz de la linterna reflejada en el cuchillo. Euan, mi compañero de copas de Buenos Aires, habría estado orgulloso de mí.

Me deslumbraron de inmediato dos enormes luces blancas que brillaban en la oscuridad. Solo tardé un segundo en comprender que se trataba del reflejo de mi linterna en los ojos de una vaca asustada que en plena noche sufría el desconsiderado ataque de un inglés completamente fuera de su sano juicio, cuya clara intención era matarla, si no algo peor. Dio media vuelta con un mugido frenético de pánico y huyó. Sus pasos, que una vez más percibí en el cuerpo tanto como en los oídos, se alejaron rápidamente en la oscuridad.

Temblando de miedo y de risa, y también por el frío de las primeras horas de la mañana, seguí con el haz de la linterna al vil bovino en retirada, hasta que dejé de verlo y de oírlo. Entonces apagué la linterna y miré la luna, que ahora prestaba algo de forma a los mazacotes de las cortaderas. Orión, el cazador celeste, lucía en las alturas del firmamento del hemisferio sur, orgullosamente cernido sobre mí, con la espada en alto, dispuesta para la lucha. Yo, en el suelo, remedaba su postura.

«¿Qué falta hacen pistolas, si tenemos espadas?», parecía preguntar. No tenía, para qué decirlo, la menor idea de cuán asustado había estado yo, y cuán seguro de correr un peligro de muerte. Volví a mi saco de dormir con la sensación de haber hecho el ridículo y la determinación de no contarle nunca a nadie lo cerca que habría estado la vaca de ir al encuentro de su creador si hubiera llevado yo encima una pistola.

Por la mañana emprendí el largo viaje de regreso a Bahía Blanca. En las partes más remotas de Argentina las carreteras principales discurren durante kilómetros en absoluta línea recta. Podía pasarme varias horas sin ver a nadie que las transitara. Hacía buen tiempo. Nubes blancas y esponjosas se extendían sin prisa hasta el lejano horizonte. Mientras disfrutaba viendo deslizarse el paisaje llano e invariable de la pampa, pensé en el futuro de Juan Salvado. Estaba contento de que el viaje hubiera demostrado que mis propios recursos bastarían para reunir al pingüino con los de su misma especie, a condición de poder improvisar un modo de llevármelo tan lejos. En cambio me apenaba la idea de separarme de él. Para el pingüino no sería un viaje fácil, eso estaba claro. Tendría que asegurarme de que las durezas y las privaciones del desplazamiento constituyeran la mejor opción.

A una hora de Bahía Blanca percibí una brusca sacudida, y

el motor de la moto se apagó. Invadido por diversas emociones (entre las que destacaban la contrariedad y la desesperanza), me planteé la posibilidad de empujar la moto durante varios kilómetros. En momentos así se estaba convirtiendo en un castigo digno de Sísifo. Quité el embrague y dejé que rodara en punto muerto lo más lejos posible, a la vez que analizaba los últimos ruidos del motor. Se había parado de golpe, sin petardear, señal de que era más probable un problema eléctrico que de gasolina. Justo antes, sin embargo, se había oído un «clinc» que sonaba a gran dispendio. Eché un vistazo a la bujía y al circuito de combustible, y empecé a preocuparme de verdad al comprobar que la causa de la avería no era ninguno de estos problemas habituales y de fácil solución. No tardé mucho en descubrir que estaba roto el balancín del tubo de escape. Era imposible repararlo en medio de la carretera. Desesperado, empecé a empujar la moto por la carretera llana.

Llevaría a lo sumo unos veinte minutos cuando para mi alegría, e inmenso alivio, pasó un coche y frenó. Una vez que el conductor hubo controlado su alborozo ante mi idea de asignar semejante misión a una motocicleta, se ofreció a remolcarme a la ciudad, con la promesa de que iría despacio. Tras enrollar dos veces la cuerda en el manillar, lo cual me permitía desprenderla rápidamente en caso de emergencia, nos pusimos en marcha a una velocidad suicida, aterradora. Lo único que me impedía separarme de mi salvador era la idea de empujar la moto durante cincuenta kilómetros. Lo que me sorprendió fue que al llegar a Bahía Blanca empezó a conducir con sensatez, e incluso me llevó a la estación, donde pude tomar el tren tal como tenía planeado. Me consideré afortunado. Si la avería se hubiera producido en algún sitio aislado de verdad, quizá hubiera tenido que esperar varios días a que me ayudasen, o no me hubiera quedado más remedio que desprenderme de la moto.

Durante el largo viaje de regreso en tren a Buenos Aires tomé la decisión de renunciar a cualquier tentativa de reunir a Juan Salvado con pingüinos en estado salvaje. La última avería convertía en absurda la idea de fiarse de una moto así. Entre todas las opciones que había barruntado en el salón de té de Harrods la más satisfactoria parecía la de que Juan Salvado se quedara en St. George. Mal no lo pasaba, estaba claro, y la verdad es que la idea de separarme de él me resultaba odiosa. Estaba harto de poner el carro delante de los bueyes.

Seguiría como hasta entonces, fiándome de que fuera el propio Juan Salvado quien expresara sus preferencias. «¡Cada día tiene bastante con su propio mal!» Sería nuestro lema.

15

En pos de Eldorado
En que encuentro lo que buscaba

El principal objetivo de mi viaje a América del Sur había sido conocer a gente, visitar sitios nuevos y observar fauna alejada de mis conocimientos y de mi experiencia. Después de una infancia en las suaves y fértiles colinas y bosques de Sussex, anhelaba conocer de primera mano las alturas casi irrespirables de los majestuosos Andes, las grandes llanuras despobladas de la Patagonia, los montes cubiertos de pinos y nieve de Tierra del Fuego y las arenas errabundas del árido desierto de Atacama. Ansiaba ver las enormes cataratas del Iguazú y el volcán de El Misti, y conocer en Cuzco y Machu Picchu la civilización de los incas. Buscaba la magia del lago Titicaca, y oír tronar el portentoso glaciar de Perito Moreno. Lo que más deseaba era conocer y comprender a los habitantes de todos esos sitios, y explorar las tierras que hubiera de por medio. Quería aprender de los autóctonos, cuyo idioma y costumbres me eran completamente ajenos, y aprovechar la oportunidad de observar por mi cuenta una parte de la flora y de la fauna del continente.

Ansiaba tener la libertad de huir de la seguridad y el orden de los dulces campos de Inglaterra, y responsabilizarme plenamente de mis decisiones. Quería encontrar mi «camino que menos se pisó», y ver adónde llevaba. Quería lanzarme sin red a algunos de los retos de la vida. ¿Dónde está el reto, dónde la emoción, si siempre hay vacas en el campo, gallinas en la granja y cena encima de la mesa? Quería viajar en tercera y prescindir por una temporada de comodidades, averiguando qué me deparaba el destino si se le daba la oportunidad.

No hace falta que diga que a menudo la realidad quedó muy lejos de lo que esperaba, y que hubo momentos que pusieron a prueba mi determinación.

Durante mi primera expedición al sur de Bolivia, al altiplano andino, en la que dejé a Juan Salvado al cuidado de mis amistades, hice el viaje a Potosí, ciudad famosa por sus minas de plata, desde la que tenía la intención de tomar un vuelo de regreso a Argentina. Había pasado la noche en un rudimentario albergue de un villorrio relativamente próximo a mi meta. Por la mañana saqué casi todos los billetes que quedaban en mi cinturón monedero, me lo metí en el bolsillo y fui a comprar los billetes de autobús y avión a una agencia. Coincidí con una rúa de carnaval y me paré a mirarla. La plaza del pueblo estaba abarrotada. La gente se disputaba las mejores vistas, y la rúa lo llenaba todo de ruido y de colores. A esa altitud, la intensidad de los colores y la luz resulta inolvidable, al igual que el sonido de las flautas y de los tambores. Hasta mi viejo abrigo azul de lana parecía adquirir el lustre del plumaje de un pavo real.

Después de un rato me giré para irme, pero cuando metí las manos en los bolsillos me horrorizó descubrir que me habían robado. Sabía que no tenía sentido gritar «¡Paren al ladrón!», ni en inglés ni en español, ya que casi nadie de los presentes hablaba el primer idioma, y muy pocos el segundo. Había sufrido la hábil incursión de un carterista que a esas alturas ya se había esfumado. ¿De qué habría servido avisar a la policía del pueblo, si seguro que el bribón andaba ya muy lejos? Llegué con gran rapidez a la conclusión de que no me quedaba más remedio que aprender una vez más de las desgracias.

En total había perdido unos sesenta dólares, cantidad cuyo poder adquisitivo era muy superior, huelga decirlo, que el de hoy. Solo me quedaba calderilla y la ropa que llevaba puesta. Es posible que pudiera haber conseguido dinero yendo a un banco y lidiando con las comunicaciones entre aquel pueblo y Londres o Buenos Aires. Probablemente pudiera haber vuelto a mi hotel barato y haber intentado que me ayudase alguien, pero lo que hice fue fiarme de mis propios recursos para llegar a la frontera, donde podría acceder a mi cuenta bancaria argentina. El resultado fueron largas caminatas, puntuadas esporádicamente por trayectos en destartaladas camionetas que pasaban dando tumbos a mi lado, y a cuyos dueños quedé enormemente agradecido.

El primer día, antes del anochecer, llegué a una aldea minúscula, de unas seis casas. Este discreto oasis, con su pequeña fuente y su escasa vegetación, quedaba a pocos kilómetros de la ruta que tenía planeada, pero según el conductor que me acercó brindaba bastantes posibilidades de ofrecer un lugar donde dormir. Así fue: a cambio de unas pocas monedas recibí comida y alojamiento de una familia que vivía en una choza muy sencilla de campesinos.

Era una familia de siete, la madre más seis hijos, tres de ellos adolescentes y los otros tres más pequeños, aunque por la noche me contaron que habían muerto otros. También el padre había fallecido pocos años antes. No me explicaron cómo, ni me pareció prudente preguntar.

Iban vestidos con una mezcla de prendas hechas en casa y ropa de segunda mano. Los más pequeños no tenían zapatos, y los de sus hermanos mayores estaban tan destrozados, tan sobrepasados de su vida útil, que casi me extrañó que se tomaran la molestia de no ir descalzos, salvo que fuera una cuestión de orgullo. La casa estaba hecha con ladrillos de adobe cocido al sol, material del que también eran las tejas. Se componía de cuatro habitaciones pequeñas, y había ido creciendo a la par que las necesidades de la familia, motivo de que no estuvieran alineados ni los suelos ni los tejados. La comida se hacía sobre un fuego abierto, en una gran cazuela de metal que se iba alimentando cada día. Aquella noche cenamos un estofado de cabra con maíz, frijoles y polenta. Cuando se puso el sol nos reunimos todos en una habitación y nos sentamos juntos sobre pieles y mantas. También asistieron algunos vecinos por curiosidad, y aunque pasamos apuros para entendernos le pusimos buen humor.

Me enteré de lo elevada que era la mortalidad infantil. También descubrí que mis nuevos amigos, pese a saber contar, eran básicamente analfabetos. Vivían de criar un gran número de cabras y unas cuantas gallinas, y de cultivar lo que podían. Por la noche encerraban el ganado al lado de la casa, para protegerlo de los pumas, grandes felinos muy capaces de comerse una cabra (y, por lo que me aseguraron, también un niño pequeño).

Me enseñaron el telar rudimentario donde hacían las mantas, y me intrigó tanto que quise verlo en funcionamiento. A los niños les hacía mucha gracia que supiera leer pero no tejer. ¡Estaba claro que confundía gravemente mis prioridades! Los hombres fumaban en pipa, mascaban hoja de coca y bebían un aguardiente de caña elaborado en la propia aldea, a un ritmo que no superaba mucho el de las mujeres. Así fue pasando la velada. Los niños se arrimaron los unos a los otros y se quedaron dormidos, como hicieron también más tarde los adultos, una vez que el alcohol hizo su efecto. Nos acurrucamos todos debajo de las pieles y las mantas, para protegernos del frío extremo de la noche en el altiplano. Estar pegado a tantos desconocidos fue una experiencia decididamente nueva para mí. En el egoísmo de mis poco más de veinte años quedé conmovido por su generosidad, en el sentido de que, pese a tener tan poco, aquella noche compartieron sus pertenencias con un viajero.

Por la mañana se levantaron antes las mujeres, que encendieron los fuegos y cocieron el pan para desayunar. Los hombres tardaron algo más en ponerse en marcha, parecía que con bastante más resaca. Me alegré mucho de que se brindaran a enseñarme el pueblo después del desayuno. Era imposible no admirar los recios rediles de las cabras, las hileras perfectas de cultivos, las telas hechas a mano y la nobleza de espíritu que manifestaban los aldeanos cuando hablaban con orgullo de sus vidas. Aunque de las partes más deseables del continente se hubieran apoderado los europeos en nombre de sus dioses y sus gobernantes, dejando solo las regiones más inhóspitas a los miembros de la población indígena que habían sobrevivido a la violencia y las enfermedades extranjeras, sus descendientes seguían aferrándose con acendrada independencia a su forma de vida tradicional.

Por eso explicaban con tanta tristeza que sus vidas estaban cambiando porque las nuevas generaciones se empecinaban en ir a buscar trabajo a las ciudades en vez de quedarse a sostener los pueblos donde habían crecido.

Reanudé mi viaje con la sensación de que aquella experiencia había sido al mismo tiempo una lección de humildad y un enriquecimiento, y de que compensaba de sobra mi pérdida pecuniaria.

De día, la escasa densidad del aire de los altos Andes protege muy poco del sol abrasador. Tampoco de noche encuentra obstáculos la luz de las estrellas. Son cordilleras donde se ve mejor el firmamento nocturno que en cualquier otro lugar del mundo. Por eso es donde se encuentran muchos observatorios internacionales, que aprovechan su gran altitud. Descubrí una bóveda celeste de un negro casi perfecto, en la que resplandece la Vía Láctea como si la mano de Apolo hubiera dado brochazos de pintura blanca en el cielo. Las estrellas de las constelaciones conocidas se perdían entre los centenares de miles de millones de estrellas de nuestra galaxia, que parecían todas visibles. Me llenó de asombro descubrir que en la Vía Láctea no hay, a simple vista, ninguna zona realmente oscura. Más allá del disco principal de la galaxia lucen en la oscuridad otras estrellas, con un brillo intenso y constante. Incluso sin luna hay bastante luz para orientarse a pie por los caminos, sin dificultad. Lo que ocurre es que a falta del grueso manto atmosférico que en menores altitudes oscurece casi todo el brillo y belleza del cosmos, el frío es tal que a veces resulta insoportable.

La segunda noche no busqué cobijo. Aunque a día de hoy me avergüence admitirlo, el olor de los cuerpos humanos, la ropa, las mantas y las pieles mal curtidas de la noche anterior, todo ello sin lavar, me había resultado muy punzante. Supongo que lo mismo pensarían de mí mis anfitriones. Pensé pues, en consecuencia, que no podía ser peor dormir al aire libre, así que decidí seguir caminando a la luz de las estrellas, ayudado por la luz de una luna menguante que salió una o dos horas antes del alba. A oscuras, sin embargo, tuve frío, un frío tan extremo que empecé a entender que fuera posible morirse congelado. No había manera de entrar en calor. No es posible correr, ni deprisa ni despacio, porque hay demasiado poco oxígeno, y te agotas enseguida. Con tan escaso aire para hacer ejercicio, pero con temperaturas demasiado bajas para no hacerlo, el viajero mal equipado se encuentra en una situación peligrosa. Para cuando se aclaró el cielo por el este tenía tanto frío que a duras penas me obedecían las piernas, y me era imposible caminar. Me quedé quieto mientras despuntaba el sol en el horizonte, y sentí casi enseguida en mi cara su calor vivificante. A medida que salía, me deleité en su prodigalidad como un lagarto encima de una piedra. Lo había conseguido.

No fue una buena experiencia, ni volvería a repetirla sin la protección adecuada, a pesar de haber sido testigo de la imponente majestad del universo como pocos hombres llegan a verlo. En retrospectiva se me antoja claramente preferible la noche en la choza rústica. No era una persona que se expusiera conscientemente al peligro, y reconozco que aquella noche al raso, a tanta altura, fue una decisión imprudente, pero no puedo negar que disfruté con la independencia que viví en esos años, ni que he conservado el recuerdo de mis aventuras.

De todos modos, por cada ocasión en que no se cumplieron del todo mis planes hubo otra en que me habría sido imposible mejorar el desarrollo de los acontecimientos. A fin de cuentas la fecha de mi estancia en Punta del Este fue capital para el encuentro con Juan Salvado que marcó mi vida. La coincidencia se produjo cuando volvía a Buenos Aires después de tres semanas muy interesantes en Paraguay por cortesía de la familia Williams, cuyo hijo, Danny, estaba cursando su último año en St. George.

Alfred Williams, el padre de Danny, programó una reunión de negocios en Buenos Aires para que coincidiese con el final del curso, y luego nos llevó a todos en su avión a Paraguay. Gracias a la habilidad con que el piloto volaba a poca altura tuve ocasión de ver que con el paso de los milenios el curso del río Paraguay se había desviado decenas de kilómetros hacia ambos lados de su actual ubicación, creando vastos e impenetrables humedales, y miles y miles de brazos muertos que veíamos brillar al sol desde el avión. Estas planicies son un paraíso para la fauna silvestre. Desde mi privilegiada perspectiva vi cómo alzaban el vuelo por encima de la selva grandes nubes de pájaros, y cómo huían familias de capibaras (roedor de enorme tamaño, que alcanza el de un cerdo grande) cuando los perturbábamos en su mojado hábitat. Me costaba dar crédito a mi suerte.

Después de unos días en Asunción, la capital de Paraguay, en el suntuoso marco de la casa de los Williams, Alfred, Danny, un amigo suyo que se llamaba Jack y yo volamos hacia el extremo sudeste del país para vivir dos semanas al estilo de los gauchos, en el «camp» (anglización de «campo»). Chongo, el piloto, localizó el ganado (miles de cabezas) a base de sobrevolar sistemáticamente la estancia, y luego aterrizamos en una pista de hierba contigua a la hacienda.

Recogimos los víveres necesarios: maíz, fruta y lo esencial para complementar las raciones de los peones, así como algo de chocolate, que para ellos era un lujo inhabitual. Un par de horas después ya habíamos ensillado algunos ponis, pequeños pero resistentes, y salimos otra vez en busca del rebaño. Se avanzaba despacio en esas tierras montaraces, mezcla de pastos y matojos, agujereadas por los armadillos. No encontramos otra vez las reses hasta bien entrada la mañana del segundo día.

Vivir entre los gauchos que trabajaban en la explotación ganadera de los Williams fue una experiencia soberbia. A diferencia de las granjas inglesas, la estancia no tenía vallas; se parecía más a una sabana, con hierba rala y árboles poco frondosos que alcanzaban unos diez metros. Si las granjas inglesas se miden en centenares de hectáreas, las estancias sudamericanas pueden ocupar cientos de kilómetros cuadrados, en el caso de la de los Williams, unos cuatrocientos. Superaba un poco la extensión de la isla de Wight.

Los gauchos vivían con las reses, a las que conducían a diario hasta los pastos. En aquella tierra poco fértil la búsqueda de hierba fresca era incesante. Los hombres vivían a caballo, y solo iban a buscar provisiones a la hacienda cada pocas semanas. Eran jinetes tan espléndidos como era de esperar en quienes montaban desde la niñez. En la vida de gaucho se pasaba sin sobresaltos de trabajar a comer, y de comer a dormir, y de dormir a divertirse, hasta el extremo de que a menudo era imposible saber cuál de estas cuatro cosas se hacía en un momento dado.

Al anochecer se montaba un campamento, se encendían hogueras, se cocinaba, se cantaba y se dormía bajo las estrellas. La vida de estos gauchos y peones (los primeros, vaqueros cualificados, y los segundos, trabajadores semicualificados) era muy simple, y de una gran dureza. Aparece reflejada en el poema épico *Martín Fierro*, escrito en la década de 1870, y un siglo después no parecía haber experimentado ningún cambio.

> *Mi gloria es vivir tan libre*
> *como el pájaro en el cielo:*
> *no hago nido en este suelo*
> *ande hay tanto que sufrir,*
> *y naides me ha de seguir*
> *cuando yo remuento el vuelo.*
>
> *Yo no tengo en el amor*
> *quien me venga con querellas;*
> *como esas aves tan bellas*
> *que saltan de rama en rama,*
> *yo hago en el trébol mi cama,*
> *y me cubren las estrellas.*

El gaucho tenía que llevar todas sus pertenencias a caballo. Una silla de montar, una estera, un taburete plegable de tres patas, un facón (con hoja de hasta treinta centímetros, que solía llevarse en la espalda), algunas monedas, platería decorativa, una pistola, un lazo, una pequeña calabaza hueca con adornos con la que bebían el mate siempre que podían por una caña de metal... Poco más que eso.

Si se ponían enfermos, o bien sobrevivían gracias al conocimiento de las hierbas de sus compañeros o morían y eran enterrados allí mismo. Las urgencias hospitalarias no eran cosa de gauchos.

Eran hombres de sangre india, guaraní, cuyo español me resultaba poco comprensible; hombres bajos, morenos, arrugados, nervudos, con mala dentadura y piel correosa, duros como la tierra cocida a la que arrancaban el sustento. De vez en cuando se los veía sonreír, pero al principio me desconcertaba, porque más que sonrisas parecían muecas de locos.

La estancia lindaba por el este con el río Paraná, y no había carreteras ni accesos asfaltados. Eran tierras salvajes en toda la extensión de la palabra. Si se cometía algún delito eran los propios gauchos quienes se erigían en juez y jurado. Ningún tipo de autoridad o ley los protegía de los delincuentes y los forajidos que vagaban a su voluntad por la frontera, viviendo de tomar lo que querían donde lo encontrasen (siempre que pudieran conseguirlo). Los gauchos ni esperaban ninguna intervención externa, ni se la habrían agradecido a quien hubiera tratado de aportarla. Eran hombres acostumbrados a valerse por sí mismos. A veces tenían problemas con los cuatreros del otro lado de la frontera, a quienes llamaban «brasileños», pero según me explicaron eran pocos los que tenían la oportunidad de intentar robar dos veces a don Alfredo.

El alimento básico de los gauchos era la carne. Una vez, durante mi estancia, cazaron varios armadillos, que por la noche destriparon, embadurnaron con una gruesa capa de fango de la orilla del río y pusieron a cocer en las brasas de una hoguera. Una hora después, aproximadamente, abrieron las bolas de barro cocido y apareció una carne clara, jugosa, caliente y suculenta que se desprendía por sí sola de los huesos y el caparazón. Los armadillos de siete bandas alcanzan una longitud de unos setenta y cinco centímetros, y tienen mucha carne, como pollos muy grandes. Tienen un sabor muy marcado, como a cerdo. Ligeramente salpicado de brasas, con algo de fango cocido de su envoltorio, y un poco de polvo de un arreo de ganado en Paraguay; comido en un plato de hojalata con los dedos y un facón afilado en una piedra, llevando bombachas y poncho de peón, sentado en la tierra calentada por el sol, apoyado en una silla de montar de lana de oveja, rodeado por un aire cargado de un millar de olores nuevos, escuchando canciones guaraníes mientras subía la luna y se apagaba la hoguera: tales fueron los ingredientes de lo que vino a ser la más memorable comida de mi vida. Digamos, para no extenderme, que todos mis sentidos (el tacto, el oído, la vista, el gusto y el olfato) se estremecían por la electricidad de sensaciones totalmente nuevas. Para eso había venido a América del Sur. Durante aquel momento, breve y rutilante, encontré mi Eldorado.

Aquella noche me quedé dormido bajo las estrellas y soñé que renunciaba a todo y vivía como un gaucho. Habría sido demasiado agotador, y al cabo de un tiempo, sin duda, demasiado limitado, pero en aquel momento poder hacer de vaquero en la vida real fue de un romanticismo nada menos que glorioso.

Todas las noches dormía como un tronco hasta que al alba Danny me resucitaba con cajas destempladas, encantado con la inversión de autoridad respecto al internado. Cada día, con su ayuda, aprendía a hacer cosas nuevas. Solo tenía cinco años menos que yo y había pasado mucho tiempo con los gauchos, perfeccionando su forma de montar a base de años en su compañía. Era un estilo, el de los peones, muy distinto al de la escuela inglesa que había aprendido yo en mi infancia. No podría calificarse de suave. Se caracterizaba por el arrojo, la dureza y la despreocupación, y mientras no lo acepté no hallé ninguna colaboración ni en los ponis ni en los peones. Al cabo de muy poco tiempo admití que tenía que aprender a montar como ellos, porque mi poni no me dejaba elección. Manejado a la manera inglesa, simplemente no respondía. Una vez que tuve resuelto este escollo (o mejor dicho, que lo tuvo él resuelto) congeniamos razonablemente.

A pesar de que la comunicación directa entre estos hombres y yo era muy limitada, me enseñaron a hacer lo que exigía su forma de vivir. Me gustaría pensar que me aceptaron, sobre todo los más jóvenes, porque intenté copiar sus palabras y sus costumbres. Traté de ver la vida no con mis ojos, sino con los suyos, y adquirir sus aptitudes, y reírme de lo que se reían ellos (¡casi siempre de mí, todo sea dicho!). De este modo tuve la oportunidad de observar un estilo de vida que llevaba un par de siglos sin cambiar, pero que en ese momento estaba a punto de perderse para siempre.

La extraordinaria destreza del gaucho con el lazo es algo que solo se comprende de verdad cuando se ve. Aun así trataré de describirla. Llegamos a un campamento con pocas provisiones de carne. Algunos hombres montaron a caballo, conmigo a la zaga, y salieron en busca de una vaca para complementar nuestras raciones. Hicieron la selección asustando a varias reses y provocando una estampida, durante la que hicieron correr hábilmente a los animales en círculos de unos cientos de metros, hasta que identificaron a su víctima. Conviene añadir, en este punto, que si bien a los gauchos les habría sido fácil montar sus ponis a pelo, nunca prescindían de la silla de montar, parte esencial de sus pertrechos, ya que no solo era necesaria para transportar sus pocas posesiones, sino que constituía una herramienta de trabajo por derecho propio.

Elegida la víctima, uno de los jinetes procedió a manejar el lazo. Los lazos de los gauchos se hacen trenzando cuero flexible de poni, y están acabados con una anilla pesada de metal, de diez centímetros, por la que se desliza sin trabas la cuerda de cuero. El peso de la anilla ayuda a conferir impulso al lazo cuando se hace girar la lazada con una sola mano sobre la cabeza del gaucho, el cual, al mismo tiempo, sujeta con la otra mano las riendas y controla al galope su corcel.

Gracias a que el poni de los gauchos puede correr más que las vacas, el jinete tiene la posibilidad de arrojar sobre la testa del novillo la lazada, que cae girando alrededor del cuello o de los cuernos. En el momento de la caída el gaucho enrolla la otra punta del lazo en la perilla de la silla de montar, y acto seguido, con gran destreza, frena un poco y conduce hacia un árbol a la vaca, presa del pánico. Después, usando el árbol de polea, va arrastrando lentamente la res hasta que sus cuernos quedan trabados con el tronco. La vaca se resiste con toda su potencia, pero no contra el lazo, ni contra el gaucho, sino contra el árbol. Ahí está el truco. En el momento decisivo uno de los peones, con una mano en las riendas y la perilla y la otra en el facón, pasa a medio galope junto al animal y mediante un solo movimiento resbala con los pies juntos de la silla y, rozando apenas el suelo, rebana el cuello de la vaca inmovilizada. Aún no ha brotado la sangre (cuyo chorro puede llegar hasta diez metros) y el jinete, nuevamente en la silla, ya se aleja. El gaucho reduce la tensión del lazo y desmonta. La vaca muge con los ojos en blanco, y cae lentamente de rodillas mientras se le escapa la vida. Antes de que se desplome, el orgulloso gaucho debe ponerse a pocos centímetros de los cuernos de la bestia moribunda y retirarle el lazo.

En esta ocasión (como en todas, supuse) se oyeron muchos gritos y aclamaciones entre el resto de los gauchos y peones, que así, gesticulando, felicitaban a los compañeros que les habían ofrecido diversión y comida. En poco tiempo ya se asaba carne fresca sobre las rojas brasas que acababan de ser apartadas de las llamas de una hoguera.

Después de matar una vaca se repartía tanta carne como pudieran llevarse los peones, y se abandonaba el resto del cadáver. Una vez vi que arrojaban al río las partes más grandes de la res, y luego observé cómo surgían destellos plateados a su alrededor. Se podría comparar con un crescendo musical. En breves instantes las aguas plácidas del río se pusieron a hervir como un volcán, hasta estallar en un frenesí de tonos rojos, plateados y dorados. Al cabo de unos minutos casi ya no quedaban pirañas, y en las aguas, nuevamente tranquilas, flotaban huesos limpios. Fue un espectáculo de lo más truculento, que me disuadió, qué duda cabe, de nadar despreocupadamente en el río al término de todo un día a caballo.

Me pesó en el corazón irme de aquellas tierras, tan hermosas e intrigantes. De lo que no me daba cuenta era de que el destino lo tenía todo preparado para que me encontrase en Punta del Este en el mismo instante que cierto pingüino.

Fuera cual fuese mi medio de transporte —tren, camión, autobús, bicicleta, caballo, coche de san Fernando—, América del Sur me deparó momentos de honda plenitud y gran satisfacción. Mientras Juan Salvado disfrutaba de los buenos cuidados de mis amistades, fui al extremo más meridional, Tierra del Fuego, desde donde crucé hasta el sur de Chile. Estuve toda una semana sin ver a nadie salvo a los pingüinos, en un estado de absoluta incomunicación. De día caminaba entre cumbres nevadas y profundos valles tan profusamente tapizados de altas margaritas (hasta la cintura, llegaban) que de lejos parecían igual de blancos que los picos. De noche acampaba en los grandes hayedos y cocinaba mis escasas raciones con fuego de leña. Solo llevaba encima algo de fruta y un poco de harina, azúcar y mantequilla, con los que preparé rudimentarias crepes. Era el edén.

Viajar a solas me dio tiempo de sobra para reflexionar sobre todo lo que había visto y oído, comparar la realidad sudamericana con mis ideas preconcebidas y valorar qué cosas tenían verdadera importancia y valor. ¿Cómo era posible que en un mundo tan colmado de asombrosa belleza, y de maravillas de un valor incalculable, los seres humanos hubieran creado tanto sufrimiento, y no solo para nuestra propia especie? Un tema recurrente en mis meditaciones era la esencia de lo humano, y la naturaleza de la amistad. Por muy interesantes o divertidos que pudieran ser, los compañeros que se habían cruzado en mi camino y con los que durante un tiempo había compartido viajes, hogueras, cazos e incluso una tienda eran flores de un solo verano. Nunca les habría abierto el corazón como a Juan Salvado. Lo mismo podía decirse de todos los que llegaban a conocerlo. ¿Cómo se explicaba que un pingüino aportase tanta calma, tanta serenidad a las personas en cuyas vidas incidía? ¿Por qué subían a su terraza y se confesaban ante él como si lo conocieran de toda la vida, tratándolo como a un amigo de verdad en el que se podía confiar en la adversidad? ¿Era algo propio de unos tiempos violentos y desesperados? ¿Habría sido distinto en períodos de paz y de prosperidad?

Estaba claro que la gente se mostraba más dispuesta a hacerle confidencias a Juan Salvado que a sus semejantes. Por lo que parece la relación entre los seres humanos y los pingüinos es así, y no hay más que hablar.

«¿Cómo se explicaba que un pingüino aportase tanta calma,
tanta serenidad a las personas en cuyas vidas incidía?»

16

«¿Puedo de nadar?»
En que Juan Salvado regresa finalmente al agua

Desde el día mismo en que instalé un pingüino en St. George hubo un muchacho que destacó por sus ganas de ayudar a cuidarlo. Su nombre era Diego Gonzales, y la vida le ponía más trabas que a la mayoría de sus compañeros. Era un niño boliviano, de ascendencia europea por parte de padre e indígena por parte de madre. Tradicionalmente, en América Latina los vástagos de aquel tipo de uniones recibían el nombre de «mestizos», palabra que se consideraba descriptiva, no necesariamente insultante. A pesar de esto último, de vez en cuando Diego era objeto de comentarios poco amables por parte de los otros chicos.

Al llegar a St. George tenía trece años y era un niño desconfiado y tímido, que parecía asustarse de su propia sombra. No muy dotado para los estudios, le costaba mucho seguir el ritmo de las clases. En el ambiente competitivo del internado siempre quedaban de relieve sus carencias. Las listas quincenales en las que se ordenaba públicamente a los alumnos en función de sus resultados académicos pretendían ser un incentivo para que se esforzasen y mejorasen, pero en el caso de Diego estaba claro que no cumplían su función.

Por desgracia tampoco parecía hecho para ninguna de las muchas y diversas actividades extraescolares. Era un niño de constitución delgada, cuyas facultades motoras y de coordinación parecían hallarse muy por debajo de lo normal para su edad. Ni por asomo pillaba una pelota. En el campo de rugby iba como un alma en pena, siempre aterido, incluso cuando más calor hacía. Su camiseta de deporte colgaba de su cuerpo menudo como de una percha, y casi escondía los pantalones cortos, de los que sobresalían unas piernas raquíticas. Las mangas le llegaban tan abajo que solo se le veían las puntas de los dedos. Nadie le pasaba la pelota, ni le hacía participar en el partido si no era por mofa. Cuando iba hacia él la pelota solía ser para golpearlo en el pecho, como si lo tomara por sorpresa, y el pase, invariablemente, no le salía.

Los primeros estudios de Diego no lo habían preparado bien para la vida en St. George. Su nivel de inglés era francamente limitado, e incluso su español estaba muy teñido por el dialecto de los mestizos bolivianos. Era, pues, un niño taciturno, que evitaba las conversaciones. No le habían enseñado a cuidar sus pertenencias, ni a organizarlas. Por lo general era incapaz de llevar el material indicado a las clases, o el equipo necesario a los juegos. Para mí, sin embargo, lo más triste de todo era la añoranza que sufría. No estaba preparado para irse de su casa, que echaba de menos espantosamente. En suma, que era en casi todos los aspectos pequeño para su edad.

Como todas las comunidades, St. George tenía muchas cosas buenas. Contaba con un sistema pastoral bien estructurado, por el que cada nuevo alumno era asignado a otro mayor, responsable de ocuparse de él durante las primeras dos o tres semanas. Estos «veteranos», a su vez, eran supervisados por un sistema de delegados cuyos superiores, miembros del personal residente, conocían muy bien las dificultades por las que pasaba Diego. No olvidemos que la aplastante mayoría de los muchachos que pasaban por el internado crecían en plenitud, disfrutaban de la vida y forjaban amistades fuertes y duraderas. Diego solo era un caso extremo de alguien fuera de su elemento.

Por eso fue tan poco sorprendente que disfrutara tanto en compañía de Juan Salvado, y siempre que podía estuviera con él. Arriba, en la azotea, no lo veía casi nadie y podía relajarse. No es que no tuviera amigos, pero eran todos muchachos como él, con problemas similares de adaptación a la ética del internado. Los niños que no disfrutaban saturándose a diario de rugby eran considerados a veces como «hermanos débiles».

Para niños así la responsabilidad de cuidar a Juan Salvado era beneficiosa. Jamás se olvidaban de ir a buscar espadines al mercado, ni de mantener limpia la terraza, ni de hacerle compañía, aunque había algo aún más satisfactorio, y era la sincera diversión que parecía aportarles. Para los más infelices de estos niños, la vida cotidiana debía de estar plagada de angustias, y era un alivio ver que disfrutaban del pingüino, libres por un tiempo del corsé de las aulas, las jerarquías sociales y la preocupación por su lejana familia.

El hecho de que en la terraza de uno de los profesores asistentes viviera un pingüino no era el único aspecto original de la educación que se impartía en St. George. La piscina, por ejemplo, tenía la peculiaridad de carecer de cualquier tipo de planta de filtrado o sistema de clorado, deficiencia que se compensaba vaciándola del todo cada dos semanas, cuando el agua ya se había puesto de un verde bastante opaco y daba a menudo cobijo en sus profundidades a una gran colonia de sapos. Quizá a los lectores de hoy en día les impacte la idea, pero entonces todos los alumnos se bañaban de manera habitual, y sin efectos perniciosos, en las aguas tibias, lánguidas y cenagosas de los ríos que serpenteaban por su tierra natal, entre orillas llenas de barro. Un error muy frecuente en nuestro tiempo sería verlos como ríos «contaminados» solo por su color marrón. En todo caso la piscina de St. George, no exactamente cristalina, apenas suscitaba comentarios en su época.

En cuanto empezaban a subir las temperaturas en Buenos Aires, la piscina del internado se vaciaba del contenido estancado del invierno, se limpiaba a fondo y se volvía a llenar con agua de nuestros propios pozos, alimentados por acuíferos situados a gran profundidad. Una vez en servicio, el ciclo de limpieza continuaba cada dos semanas hasta el final de la temporada.

La idea de soltar a Juan Salvado en la piscina no era nueva para mí, claro que no, pero es que su llegada coincidió con los meses invernales, en que el agua estaba sucia, y entonces me dije que para cuando las plumas del pingüino volvieran a ser impermeables la piscina habría entrado en funcionamiento.

A la mayoría de los niños, por lo general, les entusiasmaba nadar, pero a la natación le pasaba lo mismo que al tenis y la paleta (versión argentina del squash que se jugaba al aire libre): no era un deporte de primera, más que nada porque no era rugby. Aun así se practicaba mucho como diversión en las tardes de verano, una vez hechos los deberes, cuando el agua estaba limpia y hacía calor.

El principio de la temporada de aquel año no fue muy caluroso, por lo que al final de sus primeras dos semanas en servicio la piscina no invitaba demasiado, aunque tampoco estaba especialmente verde. De hecho seguían viéndose con claridad las marcas de los carriles del fondo. Aquella tarde fueron pocos los intrépidos con ganas de nadar después de los deberes, e incluso los más atrevidos salieron del agua en veinte minutos y fueron a ducharse con agua caliente en la residencia.

En cuanto se marcharon los nadadores le hice señas a Diego y dos de sus amigos, que estaban cerca, paseando a Juan Salvado por uno de los campos de deporte, de que lo trajeran al recinto para ver si podía nadar.

Había elegido expresamente aquella tarde, asignada a las tareas de mantenimiento de la piscina, para poder dejar zanjadas mis últimas reservas sobre que Juan Salvado hiciera uso de ella. Si ensuciaba el agua justo antes de que la vaciasen no protestaría nadie, y si no obedecía mis órdenes de salir, podría ir en su busca una vez que estuviera vacía la piscina.

Para entonces Juan Salvado llevaba varios meses viviendo en St. George, pero en todo aquel tiempo no había podido nadar con libertad. Las plumas de la barriga, manchadas de gris, se habían ido poniendo gradualmente blancas, y ya presentaba un aspecto sano y normal para un pingüino. Consideré que era la oportunidad que había estado esperando.

Pese a conocer gran parte de las instalaciones, Juan Salvado aún no había visitado el recinto de la piscina. Diego lo dejó a mi lado. Me acerqué al agua, y Juan Salvado me siguió. A juzgar por cómo miraba las aguas quietas de la piscina, no entendía bien qué era.

—¡Venga! —dije a la vez que imitaba el movimiento de lanzarse al agua y nadar. Juan Salvado me miró primero a mí, y después el agua—. ¡Nada, si quieres! —dije yo, agachado, salpicándolo un poco.

Juan Salvado me miró a los ojos.

«¡Ah! ¿De aquí salen los peces?»

No hizo falta darle más ánimos, porque acto seguido se lanzó y mediante un solo giro de sus alas cruzó la piscina como una flecha disparada por un arco, hasta chocar de cabeza contra la pared del otro lado, a una velocidad considerable. El impacto fue palpable. Los niños gimieron, aguantando la respiración. Juan Salvado salió aturdido a la superficie y se mantuvo a flote, sacudiendo un poco la cabeza. Temí que se hubiera roto el cuello, pero al cabo de un momento lo agitó con fuerza, de esa manera tan típica de los pingüinos, y volvió a zambullirse.

Yo nunca había tenido la oportunidad de observar desde tan cerca a un pingüino en el agua. A los avances bípedos de Juan Salvado en tierra firme, tan torpones y graciosos, ya estaba más que acostumbrado, pero lo que veía ahora me llenó de admiración. Nadaba con las alas, arrastrando las patas. Con uno o dos aletazos le bastaba para impulsarse a gran velocidad de un extremo al otro de la piscina, ejecutando giros espectaculares antes de tocar el lateral. Fue una exhibición de virtuosismo, una clase magistral de acrobacias acuáticas que lo llevaba a no rozar por un pelo los lados de la piscina, con los que no volvió a chocar ni por asomo. Usó en toda su capacidad los veinticinco metros de piscina, rizando el rizo con un salto fuera del agua y una nueva zambullida, esta vez de espaldas. Volvió a cruzar de punta a punta la piscina por el fondo, y luego, con un giro de absoluta precisión, se lanzó en espiral en el otro sentido. A lo único que habría podido compararse aquella exhibición de dominio absoluto del espacio tridimensional habría sido al vuelo de un pájaro, aunque también la rapidez de un consumado patinador sobre hielo podría servir para hacerse una idea de lo hábil que era Juan Salvado en la percepción espacial. Comprendí hasta qué punto necesitaba usar los grandes músculos de sus alas, que habían estado demasiado tiempo en desuso. Por fin había encontrado algo de libertad para manifestar su auténtica naturaleza, su independencia, y enseñarnos a todos lo que significaba ser pingüino.

Es muy posible que el gozo de volar que describe en su relato Juan Salvador Gaviota sea lo más parecido a una descripción de la euforia que tan claramente mostró Juan Salvado aquella tarde. Todos los espectadores estaban cautivados. Comparado con la exhibición de Juan Salvado, un ejercicio de suelo de gimnasia habría parecido plúmbeo y bidimensional.

La alegría en estado puro que a todas luces obtenía el pingüino de su superlativo control del agua se contagiaba a los espectadores. Juan Salvado podía surcar las aguas varias veces más deprisa que el más veloz de los nadadores olímpicos. En un par de segundos hacía un largo, distancia que a un ser humano le habría costado unos quince. Alternaba sus demostraciones subacuáticas con intervalos de nado por la superficie, durante los que se acicalaba y chapoteaba.

En la superficie los pingüinos nadan como patos sin cuello,

impulsándose con las patas. Son competentes, pero no elegantes en sus cabeceos, que a duras penas resultan atractivos para quien los ve. En cambio bajo el agua lucen un dominio tan consumado de su elemento que pueden llegar a hipnotizar al público.

Diego y los otros niños estaban tan fascinados como yo.

—¡Mirad cómo nada! —gritaban.

«¡Oooh!», «¡Aaah!», se embelesaban, como si estuvieran viendo fuegos artificiales.

Al cabo de un rato se me acercó Diego y me hizo una pregunta en voz baja.

—¿Puedo de nadar con él?

—¿Qué? Ah, y es «puedo nadar» —lo corregí.

—Eso. ¿Puedo nadar? ¡Por favor! Solo cinco minutos.

¡Qué sorpresa! Era la primera vez que se acercaba a la piscina. Ni siquiera me constaba que supiese nadar. De hecho nunca lo había visto con ganas de hacer nada que no fuera buscar la compañía de Juan Salvado y evitar al resto del internado.

—¿Sabes nadar? —pregunté.

—¡Sí, es lo que le pedí! —dijo él, perplejo—. Sí, por favor. ¿Puedo? ¿Puedo de nadar? —me suplicó.

Consciente de lo frustrantes que debían de resultarle las complejidades de la gramática inglesa, decidí dejar la lección para otro momento. Por fin mostraba interés por algo aquel muchacho. Ya era hora.

—Pero ¡si el agua está fría, y se está poniendo verde, y ya es tarde! ¿Seguro que quieres meterte?

—¡Por favor!

—Bueno, vale —dije—, pero ¡date prisa!

Nunca lo había visto tan animado. Le brillaban los ojos. Era como verlo vivo, vivo de verdad, por vez primera desde que lo conocía, hasta el punto de que fue corriendo a la residencia y reapareció enseguida en bañador. Sin vacilar ni esperar de mí una última confirmación, se lanzó al agua fría y verdosa. Yo ya me había concienciado de que quizá tuviera que saltar en su rescate, por si no sabía nadar. No me habría extrañado del todo que se fuera a pique como una piedra.

Fue la segunda gran sorpresa de la tarde. ¡Diego no solo sabía nadar, sino que lo hacía estupendamente! Salió en persecución de Juan Salvado, y aunque en otra persona la imagen hubiera sido absurda, él nadaba con tal elegancia que no formaban una pareja ridícula, en absoluto. Mientras nadaba Diego, Juan Salvado evolucionaba a su alrededor. Parecía que sincronizasen sus movimientos, nadando al alimón. Nunca había visto interactuar así dos especies distintas. Tenía todo el aspecto, aquella exhibición, de haber sido coreografiada para resaltar las habilidades de cada uno, como en un dueto escrito para violín y piano. No había protagonista ni subordinado. A veces llevaba Juan Salvado la iniciativa, y Diego nadaba como si lo persiguiese. Entonces Juan Salvado dejaba que se pusiera justo detrás, y una vez más salía disparado. En otras ocasiones la tomaba Diego, y el pingüino dibujaba ochos a su alrededor como si tejiera un capullo o formulara un sortilegio. De vez en cuando nadaban tan cerca el uno del otro que casi se tocaban. Era un sublime *pas de deux* que me tenía como en trance. No hay palabras que puedan describir la magia de esa tarde, magia que impregnaba el aire y el agua, y cuyos efectos se hicieron notar en tantísimos niveles.

La pregunta de si Juan Salvado saldría pronto de la piscina había estado presente en mi cabeza, porque estaba claro que solo lo haría por su propia voluntad, pero mientras nadaba Diego con él no le hice mucho caso.

Diego fue fiel a su palabra. Pasados unos pocos minutos, sin que hubiera que pedírselo, se acercó al borde y con un movimiento lleno de elegancia salió de la piscina y se quedó en un charco de agua que chorreaba de su pelo y sus hombros. El siguiente fue Juan Salvado, lanzado cual torpedo por las aguas. En el momento crítico giró un poco las alas y salió disparado por los aires hasta aterrizar de barriga a mis pies. Nos reímos todos a carcajada limpia.

«Eso es. Así se hace. ¡Válgame Dios, qué ganas tenía de nadar! Aunque en lo de los peces te equivocas. ¡He buscado en todas partes y no he visto ninguno!»

Yo casi no podía hablar. Había asistido a un alarde de acrobacia (o mejor dicho de «acuabacia») superior a cualquier otro que hubiera visto antes. Cualquier jurado le habría puesto un diez en valor técnico e interpretación artística, pero la cosa no quedaba ahí. Junto a la piscina, mirando al pingüino y mordiendo en silencio la esquina de la toalla, había un chico ágil y bien constituido que estuve seguro de que podía nadar mejor que cualquiera de sus compañeros. Fue una revelación. No era el chiquillo triste al que nos habíamos acostumbrado, sino un niño de lo más normal, con un don muy especial, aunque hasta entonces nadie en todo el internado se hubiera percatado.

—¡Diego! ¡Sabes nadar!

—Sí, gracias, sé nadar.

—No, quiero decir que nadas muy bien. ¡Fabulosamente bien!

—¿Usted cree? —preguntó él sin mirarme, aunque vi que en su rostro se insinuaba una sonrisa, diría yo que la primera que asomaba a sus labios desde que se había marchado de Bolivia.

—¿Dónde has aprendido a nadar? ¿Quién te enseñó?

Diego observaba al pájaro. Siguiendo su mirada vi que Juan Salvado se estaba acicalando las plumas con el pico, como si no hubiera pasado nada fuera de lo común. Me percaté también, y con enorme agrado, de que estaba completamente seco. Por fin había recuperado toda su impermeabilización.

Lo curioso es que los otros niños solo tenían ojos para el pingüino, como si Diego no les hubiera llamado nada la atención. Lo único que habían visto era que el pingüino nadaba mucho mejor que él, y ese era el tema del que hablaban, absortos.

Mientras volvíamos a la residencia Diego me contó que su padre le había enseñado a nadar donde vivían, en el río, pero que nunca había nadado compitiendo. Se explayó también sin reservas sobre otras cosas que le gustaba hacer en Bolivia. Hasta entonces yo nunca le había visto sincerarse así, con ganas de hablar de sí mismo, de su vida y de su casa. Parecía otro niño. Le escuché en silencio y sin corregir su inglés, mientras hablaba sin parar durante todo el camino.

Poco después, como pasaba cerca, le hice una visita a Richard, el encargado de la residencia, y le comenté que quizá Diego estuviera «haciendo el cambio». No le di más explicaciones. Ya habría tiempo. Richard estuvo encantado de que viera señales de esperanza.

—Pues ojalá tengas razón —dijo.

Volví a mi apartamento, saqué una copa y una botella de vino y salí a la terraza para sentarme con Juan Salvado. Oscurecía muy deprisa, como es propio de aquellas latitudes, y poco a poco salían las estrellas. La rotación de las que forman la Cruz del Sur indica el paso de las estaciones como lo hace en el hemisferio norte la Osa Mayor al girar en torno a la solitaria Estrella Polar.

Siempre procuraba tener algunos espadines de reserva. Se los di uno por uno a Juan Salvado, que después del ejercicio de la tarde los comió con avidez, antes de acomodarse a mis pies para dormir. Me senté al lado de la baranda, con vistas a los campos donde anochecía. En los grandes eucaliptos las cigarras entonaban sus cantos vespertinos, silenciando cualquier otro sonido. Me serví algo de vino en la copa, y fue como si me dispusiera a hacer una libación de gratitud a los dioses que se ocupan de estas cosas, bebiendo a su salud.

—Debería escribir un libro sobre ti.

Juan Salvado levantó la vista.

«¿Por qué?»

—Porque creo que a mucha gente le gustaría conocerte.

«¿Ah, sí? ¿De verdad? ¿Y qué nombre le pondrías?»

—Pues… mmm… ¿Qué te parece *El hechizo de Juan*?

Juan Salvado se limitó a mover la cabeza, con una sacudida que se transmitió hasta su cola mientras volvía a acostarse con la cabeza apoyada en uno de mis pies. Me serví otra copa de vino.

Lo sucedido aquella tarde representó uno de esos momentos seminales e insólitos que hacen que valga tanto la pena ser profesor. Había presenciado algo similar a una ceremonia de iniciación, o quizá más bien un rito de paso primigenio. Algo en lo ocurrido hacía que pudiera describirse como un bautismo o un bar mitzvá, aunque en realidad había sido más íntimo y físico, más original y fundamental. Se había producido un cambio real, no una simple alegoría. Era como un hechizo, por esa especie de trance que me dejó confuso, analizando lo que de veras había visto. Un niño se había metido en el agua para nadar con un pingüino, y poco después había salido un joven. Se había producido un renacimiento, un nuevo inicio. El patito feo se había convertido en cisne. La oruga se había metamorfoseado en mariposa. El pez había encontrado el camino de regreso al agua. Lo más asombroso de todo fue probablemente que el muchacho en cuestión aún no se había dado cuenta de que aquella noche su vida se encontraba al borde de un cambio radical (como no se daba cuenta el patito feo de haberse convertido en cisne). Por esas coincidencias de la vida, yo había visto que algo ocurría y me había dado cuenta de su significado, aunque no pudiera explicarlo. En pocos minutos Diego había crecido años, y algo había tenido que ver con ello Juan Salvador, el Pingüino Sin Par.

Algo más tarde fui a ver a Danny, mi compañero de gauchaje, que ahora era superior de la residencia. Era un mozo simpático, buena persona, de dieciocho primaveras, a quien se le daba mejor el rugby que el estudio, pero que se volcaba de lleno en todo lo que hacía y gozaba del aprecio y el respeto de todos. Lo encontré estudiando con su segundo, Jack, el mismo muchacho estudioso y serio que había estado con nosotros en Paraguay, y que, pese a no hablar casi nunca, pensaba las cosas en profundidad.

Pregunté a Danny por nuestras posibilidades de ganar el torneo de rugby entre residencias de aquel año, y él contestó que la competición sería muy reñida. Las otras residencias tenían muy buenos jugadores en todos los niveles.

En los deportes secundarios (es decir, todos salvo el rugby) también había competiciones entre residencias, cuyos resultados se sumaban a los de las otras para decidir a qué residencia se entregaba aquel año la Placa de Deportes Interresidencia.

Le dije a Danny que me parecía que iba siendo hora de que empezara a organizar la selección del equipo de natación de nuestra residencia. Ahora que la piscina estaba abierta no había tiempo que perder; y que no se le olvidara, añadí, incluir a Gonzales en las pruebas. Él empezó a protestar, pero le dije que nuestro deber era seguir tratando que se implicara en las actividades de la residencia. Le hice, eso sí, la promesa de que sería él, como superior, quien eligiera el equipo sin tener en cuenta nada más que el mérito y sin ninguna intromisión por mi parte.

Una tarde después ya habían vaciado y vuelto a llenar la piscina. Al día siguiente Danny y los demás delegados organizaron una serie de carreras, a las que decidí no asistir.

Poco después de que volvieran los chicos de la piscina el superior, acompañado por su segundo, llamó a mi puerta, sin aliento.

—Adelante.

—¡No me lo puedo creer! Ni yo ni nadie —soltó Danny a bocajarro, y tras una breve pausa añadió—: Tú ya sabías lo que pasaría, ¿no? ¿Cómo lo sabías? ¿Por qué no nos lo habías dicho?

—¡Más despacio, más despacio! No tengo la menor idea de a qué te refieres —mentí—. Aún no me has explicado qué es lo que no puedes creerte. Por tu tono solo se me ocurre que te haya tocado la lotería. Siéntate, haz el favor, y explícame desde el principio qué ha pasado.

Danny y Jack acercaron un par de sillas. Danny me dio un papel con nombres y tiempos anotados deprisa y corriendo, al lado de la piscina.

Dejé de tomarles el pelo y atendí en silencio a su entusiasmo.

—Pues mira, hemos pedido voluntarios para las pruebas de natación, como nos habías dicho tú, y hemos montado unas cuantas carreras. ¡Solo un largo, pero el chico aquel, Gonzales, ha ganado de calle en todas las modalidades! ¡Si los tiempos hubieran sido oficiales, hasta habría destrozado los récords de natación del internado! ¡Aún no me lo creo!

Reparé en que Danny había dicho «el chico aquel, Gonzales», y me llevé una alegría enorme. ¡Ya estaba cumplida la rehabilitación! Un día antes se habría referido a él como «el mosquita muerta de Gonzales», o algo peor, pero hoy Diego había sido promocionado a «chico aquel». Lo de que Danny y Jack eran buenas personas lo he dicho en serio. No los movía ningún prejuicio contra Diego, sino una regla muy sencilla: la vida es tal como te la haces tú. Era un mantra que les habían inculcado sus padres desde el nacimiento, y también el colegio elegido para su educación. Hasta entonces no habían visto que Diego hiciera ningún esfuerzo por mejorar su suerte. El lema de St. Georges era *Vestigia nulla retrorsum*, que en traducción libre sería «no hay vuelta atrás». Y no la habría, bien lo sabía yo.

—No ha sido chiripa —dijo Jack, en su primera intervención—. Lo ha conseguido cada vez que lo probaba. Lo hemos cronometrado. ¡Parecía tan fácil…!

—Y encima domina todas las modalidades —dijo Danny—. ¡Tendrías que verlo en mariposa! Casi se levanta por encima del agua. Nada mucho mejor que yo —añadió con generosidad—. ¡Más deprisa que nadie! ¿Cómo lo sabías? ¿Por qué no nos lo habías dicho antes? Porque lo sabías, ¿verdad? ¿Por eso no has querido hablar del tema hasta que yo hubiera seleccionado un equipo en función del «mérito»?

Seguí escuchando hasta que se hubieron desahogado del todo.

—La respuesta a tu pregunta, Danny, es Juan Salvado, esa ave tan particular que en este momento duerme fuera, en la terraza —dije, previo paso a referir lo ocurrido durante la tarde en que Diego había nadado con el pingüino.

El vuelco era indiscutible. Fue como si Diego creciera siete u ocho centímetros de un día al otro. Por la mañana no había quien lo reconociera. Hasta parecía que la ropa le cayese mejor. Se había ganado el respeto de sus compañeros. Durante las siguientes semanas fue subiendo en las listas de notas quincenales y se convirtió en un miembro popular de la residencia. Finalmente llegó el día del concurso de natación, y el resultado fue el que tenían todos previsto. Diego ganó todas las carreras en las que podía participar y batió todos los récords en los que se le permitió competir. Los gritos de ánimo de los muchachos, incluso los de residencias rivales, eran sinceros.

Aquel año nuestra residencia no ganó la copa de rugby de St. George por un pelo, pero los puntos obtenidos en el concurso de natación le permitieron alzarse con otro trofeo más prestigioso, la Placa de Deportes. Diego se había convertido en un héroe, y todos querían ser amigos suyos. Con el tiempo superó casi todos los récords de natación del internado. Hasta llegó a ser bastante bueno en rugby para representar al instituto en partidos oficiales, y aprobó todos los exámenes con notas muy honrosas. Y nunca más preguntó «¿Puedo de nadar?».

17

Y fueron felices y comieron perdices
En que no es, me temo, un cuento de hadas

En la vida de un «explorador intrépido» no caben las mascotas. Comportan demasiadas responsabilidades. Aun así el destino hizo que mi «camino menos transitado» se cruzara con el de un pingüino, de lo cual me alegro mucho. No cambiaría nada, salvo un detalle decisivo que desde entonces me ha quitado el sueño. Es la úlcera que me corroe, el íncubo con patas de cabra que se ha cernido siempre sobre la tan repetida historia de Juan Salvador, burlándose de mí cuando explicaba la versión infantil que debería haber sido la real.

Me encariñé de aquel pingüino de una manera extraordinaria. Había ido a América del Sur en busca de lo exótico, lo insólito, y para conocerme mejor. Todo ello lo encontré en abundancia. Disfrutaba con la compañía de Juan Salvado durante nuestros paseos por el campus, y en tantas y tantas tardes de calma en las que conversábamos en la terraza, bajo las estrellas, con una copa de vino y algunos espadines como resopón, mientras se iba apagando el bullicio del día, y con él la luz. La bienvenida que me daba cada mañana y cada tarde aquel pájaro le habría levantado el ánimo a cualquiera.

Lo más presente en nuestras vidas era la rutina. Juan Salvado era un ave tiquismiquis. Cada mañana efectuaba una serie de preparativos para el resto del día, como el de comprobar que estuviera lo más guapo posible. Su atención se extendía a cada pluma, que colocaba en su orden exacto, limpia y sin desperfectos. No se desvelaba más por su apariencia el menudo Hércules Poirot, hombre atildado como pocos. El grueso de la operación corría a cargo del pico, que trabajaba con la más delicada pericia. Si no llegaba a alguna pluma con el pico se la arreglaba con las patas, cosa que también tenía por costumbre hacer cuando le formulaban preguntas especialmente difíciles, como si se rascara la oreja en un gesto de concentración. De ese modo continuó su existencia en el internado, en un ciclo de espadines, natación, cuidados personales y mimos por parte de sus muchos fans.

Próximas ya las vacaciones, y con la promesa de nuevas aventuras en el horizonte, un colega, Luke, se ofreció a cuidar de Juan Salvado en su casa, que quedaba cerca de St. George. Luke estaba casado y era padre de un niño pequeño, así que a partir de entonces el pingüino pasó con ellos una parte de las vacaciones cuando me ausentaba yo de St. George, salvo cuando estaba con María. Era una solución inmejorable que me permitía viajar sin preocuparme de que Juan Salvado no estuviera contento, ni suficientemente cuidado, ni con bastante compañía. Él vivía feliz, y yo podía dedicarme libremente a mis aventuras. Juan Salvado nunca dio muestras de que le molestara el calor del verano en Buenos Aires. Vivía al aire libre, donde podía caminar con hierba debajo de sus patas, descansar a la sombra de los árboles, disfrutar de la brisa refrescante del río, chapotear en su bañera de hojalata y de vez en cuando, incluso, nadar en la piscina de la escuela, con o sin alumnos.

En resumidas cuentas, cuidar a Juan Salvado encajó muy fácilmente en mi rutina, gracias, entre otras cosas, al apoyo entusiasta de los chicos, durante el curso, y a la ayuda de Luke y María en vacaciones. De vez en cuando sucedía algo digno de especial mención, pero los días, por lo general, se sucedían los unos a los otros cortados por el mismo patrón. Estaba visto que Juan Salvado era un ave de costumbres, tal y como se exige a los alumnos de los internados.

Aquella mañana la tengo grabada en la memoria. Supe lo que había pasado antes de que Luke abriera la boca. Se lo vi en los ojos.

Había estado con unos amigos en el sur de la provincia, y Juan Salvado, en casa de Luke. La noche antes había vuelto demasiado tarde para despertar a la familia y hacerle una visita al pingüino. Por la mañana, después de dormir poco, lo primero que hice fue ir a buscar el correo. Fue cuando Luke me encontró.

—Lo siento muchísimo —dijo.

Esperé con los dientes apretados y el corazón a toda máquina.

—Desde que te fuiste estuvo bien, pero ahora llevaba un par de días sin comer. La verdad es que no me preocupaba mucho. Con este calor… —Se le apagó la voz—. Lo enterré el mismo día en el jardín. No tuve más remedio. Ya hace demasiado calor, y no sabía cuándo regresaría. No podía esperar. Lo siento mucho.

Asentí muy serio. El inglés que llevo dentro recelaba de manifestar demasiada emoción, sobre todo con una educación como la mía, tan realista en lo tocante al destino de los animales. Por dentro, sin embargo, estaba destrozado.

—Gracias por todo. Estoy seguro de que no se podía hacer más. —Fue lo único que conseguí decir, en un esfuerzo denodado por no venirme abajo.

Había acabado todo de la peor manera posible. Se había muerto inesperadamente, sin que estuviera yo con él.

Me fui para poder estar a solas y pensar. Volví a la residencia por el camino largo, siguiendo el perímetro de los campos de rugby para no encontrarme con ningún compañero.

Subí la escalera con paso cansino y a través de la puerta contemplé la terraza, con el río al fondo.

Siempre que me acercaba a la terraza se oía el correteo alegre y delator de unas patas, acompañado a veces por algún graznido. Eran sonidos que se habían convertido en parte integrante de mi vida en St. George, a la par que las campanas que marcaban las fases del día a día. Ahora a mi paso todo sería un silencio terrible. Ya no llamarían los chicos a la puerta para ir a buscar pescado, ni se oirían las risas y el júbilo que aportaba Juan Salvado a tantas personas.

Se me apareció la imagen de un huevo. Estaba muy lejos, en una costa pedregosa y azotada por el viento. De repente volcó y se resquebrajó, y un polluelo diminuto respiró por vez primera a través de su pico. Cuando salió vi que bamboleaba la cabeza húmeda en sus esfuerzos por abandonar el cascarón con paso torpe, ante la atenta mirada de sus padres. A continuación vi cómo alimentaban a las crías. Después cambió el escenario, y vi a Juan Salvado, algo mayor, siguiendo a los adultos por un mar embravecido, que al chocar ruidosamente con las rocas las llenaba de espuma, y después de subir por la playa retrocedía entre los guijarros. Juan Salvado parecía demasiado pequeño para medirse con aquella marea implacable y despiadada. Después de vacilar tres veces se metió corriendo en el mar, detrás de sus padres, y dio las primeras brazadas de su vida con aquellas alas sorprendentes, que la evolución había perfeccionado al máximo en millones de antecesores. Cuando el agua le tapó la cabeza, sus jóvenes músculos lo impulsaron por instinto a través del oleaje y lo hicieron resurgir muy lejos de las rocas traicioneras. Cabeceó en la superficie, inclinándose a ambos lados mientras se limpiaba el lomo con un ala. Se rascó y acicaló los flancos y la cabeza con las patas, y se arregló con el pico las plumas del pecho y de la espalda, sin dejarse importunar por el agua turbulenta que le daba constantes empujones.

Lo vi otra vez en la distancia, muy lejos de la costa, en alta mar, entre olas enormes y rizadas, y bajo nubes bajas de tormenta. En aquel mar inmenso, veteado de espuma, que se agitaba con toda la fuerza salvaje de la tempestad, Juan Salvado y miles de su misma especie salían a la superficie para respirar, y acto seguido se sumergían de nuevo en aguas más tranquilas, no zarandeadas por el oleaje, persiguiendo espadines. Así nadaba, ajeno a la ventisca y el tumulto de las olas. Con las alas abiertas, para no perder el equilibrio, se deslizaba por delante del muro cada vez más alto de una ola gigantesca, y se sumergía justo antes de que rompiera la alta cresta, que en el momento de precipitarse hacia su propia destrucción descargaba toda su rabia contenida. Juan Salvado parecía el propio espíritu del mar, la esencia misma de su fuerza vital, un destilado de todos los conocimientos marítimos, y por consiguiente invulnerable a la vorágine que alrededor de él se desataba. Naturalmente, era inmune a cualquier combinación a que pudieran dar lugar el viento y el agua, porque era el súmmum del arte de la Creación. Estaba en su elemento y disfrutaba.

Volví a verlo en tierra firme, en íntima proximidad de su pareja y de los primeros huevos que habían engendrado, y observé que veía resquebrajarse el primero de la nidada. Vi su expresión, y la reconocí. Cuando volví a mirar, el escenario, una vez más, era distinto. Un sol deslumbrante, centelleante, vivificador, alumbraba aguas cálidas de tonos esmeraldas. Justo entonces, sin embargo, aparecían insidiosamente unos hilos de petróleo, hilos sucios, marrones, sofocantes, una telaraña pérfida compuesta de tentáculos que no dejaban de crecer, y que al tenderse apagaban el sol y quemaban, cegaban, envolvían, ahogaban y acababan con aquellas aves. Como un monstruo antiguo y atroz, creado a partir de la putrefacción de antiguas eras, había cruzado los fuegos del Hades y había dormido en sus mazmorras subterráneas, pero ahora los humanos lo habían despertado y liberado, y era mucho más terrible que cualquier huracán. Contra aquella grotesca monstruosidad no tenían defensa posible los pájaros. Perdidos, a merced del pánico, caían aterrados en un cautiverio fatal, que al final los arrojaba hacia una muerte tan incomprensible como abominable. Y las mareas y corrientes daban con ellos en la costa.

Lo vi en la playa, dentro de un bidé, en una bolsa; lo vi en un autobús, y en una bañera. Lo vi en una piscina, y en la terraza, comiendo espadines con María. Sentí en las yemas de mis dedos la dureza de sus plumas cuando apretaba su cuerpo caliente contra mi mano. Noté el peso de su cabeza en mi pie. Entonces Juan Salvado alzó la vista una vez más, antes de aquella sacudida inimitable de su cabeza de pingüino, que se propagaba por su cuerpo hasta el trasero, y apoyado en mí se acomodó para descansar.

Pero el Espíritu de los Mares no estaba ya conmigo. Mi burbuja mental se reventó, y mientras mi vista se empañaba susurré con un nudo en la garganta:

—Te quiero, pajarito. Mientras viva no te olvidaré. Ahora ya puedes reunirte otra vez con tu pareja y tu familia, de las que no volverás a separarte.

¿Debería haberlo dejado aquel día en Punta del Este? ¿Debería haberlo dejado con los de su especie, permitiendo que acabara la naturaleza lo que sin querer habían provocado los hombres? ¿Debería haberlo dejado para seguir con mis viajes e irme yo solo a la aventura? ¿De qué había servido, a fin de cuentas? ¿Qué habría cambiado si hubiera seguido paseando por la playa, sin fijarme en que un pingüino se movía? ¿Valía la pena estar tan desolado por aquella despedida? Tenía la sensación de que al final le había fallado. Juan Salvado había cruzado la laguna Estigia, y la factura del barquero era astronómica. Se había cerrado una puerta, despojándome de la oportunidad de pagar una deuda que me era preciso zanjar. Nada hay tan complejo en los seres humanos como las tensiones entre el corazón y la cabeza: mis emociones eran por completo irracionales, pero supongo que si celebramos exequias solemnes es justamente para resolver estos conflictos. Necesidad que en esta ocasión no pude cumplir.

Tuve una conciencia abrumadora del privilegio que había supuesto conocer y querer a aquel maravilloso pájaro. En ese momento la sensación de pérdida era avasalladora. El dolor de la separación es el peaje que se cobra el destino a cambio de toda la dicha que nos procuran nuestros seres queridos. Me sentía inconsolable. Con lo bien que se había recuperado, y con lo contento que se le veía… Me reproché ser un tonto y un sentimental. Solo era un pingüino. Pero ¡qué pingüino!

Y así fue como no pude despedirme de Juan Salvado. «Hasta la vista, amigo mío.» Es algo de lo que me he arrepentido siempre, un capítulo muy íntimo que no pude cerrar.

18

Reflexiones desde la distancia
En que cavilo sobre la herencia de Juan Salvado

¿Por qué había llegado a ser tan importante aquel pingüino? Eso, al menos, es fácil de explicar. Siempre que alguien se aparta de su familia y sus amigos, y de las mascotas por las que siente afecto, cae presa de un vacío vulnerable, que lo deja en carne viva. Ni siquiera las más fastuosas compensaciones pueden evitarlo. La naturaleza odia el vacío. Fue a este espacio al que acudió Juan Salvado. Al principio lo ocupó. Después lo llenó y lo dominó. Como no era bastante grande para él, lo ensanchó y amplió inconmensurablemente. Sucedió sin que yo me diera cuenta. Y llegado el momento desapareció.

El tiempo pasa, claro, y nuevos parientes, amigos y mascotas se disputan la entrada en nuestros corazones, pero el vacío que dejan los que lo ocuparon no se llena jamás. Mantenemos con vida a nuestros seres queridos en nuestros recuerdos, conversaciones y relatos, pero no siempre revelamos su auténtica importancia en nuestra vida. Ni falta que hace. Todo el que haya perdido una mascota lo sabrá. A ninguno de nuestros perros le he tenido menos cariño que a los otros. En su poema «El poder del perro», Rudyard Kipling nos pone en guardia contra que nos «desgarre el corazón un perro».

> *No son, nuestros amores, regalo, sino préstamo,*
> *a un ciento por ciento de interés compuesto,*
> *aunque soy de la opinión de que no siempre*
> *cuanto más tiempo duran, más nos duelen,*
> *pues deuda pagadera, para buen o mal caso,*
> *tan grave es a corto como a largo plazo.*
> *Por todos los santos, pues (antes de verlos),*
> *¿por qué ha de desgarrarme el corazón un perro?*

En comparación con lo que vive un perro, mi tiempo con Juan Salvado fue un «préstamo a corto plazo», pero nuestra relación tuvo exactamente el mismo impacto, si no más, debido al momento de mi vida en el que se cruzaron nuestros dos caminos. ¿Hice bien en llevármelo de aquella playa en contra de su voluntad? Era entonces un joven impetuoso de veintitrés años, llegado de los campos de Inglaterra, y la verdad es que no me detuve a pensar en las consecuencias que tendrían mis actos más allá de la necesidad inmediata de salvarle la vida. Me encontraba en la feliz situación de poder darme el lujo de mantener a alguien, aunque a veces me pregunto si hago bien en verlo así. ¿Salvado o Salvador? Se le podían aplicar ambos nombres, cada cual a su modo. A fin de cuentas no había sido posible decidir quién adoptaba a quién en el momento en el que fue elegido mascota del equipo de rugby, ni quién era el más beneficiado en su relación con Diego.

Como compañero de viaje, Juan Salvado era exigente. Había

que darle de comer y de beber, sacarlo a hacer ejercicio y tenerlo entretenido, pero en el internado había tantos voluntarios que en mi caso distó mucho de constituir una carga muy pesada. Cada semana comía entre tres y cuatro kilos de espadines, que debieron de costarme unos miles de pesos al día, más o menos lo que un par de cajas de cerillas, pero menos, seguro, que una botella de cerveza. A cambio recibía algo de valor incalculable, y no cabe duda de que en esa etapa de mi vida fue una responsabilidad que me forjó el carácter. Como tantas personas a quienes conocí en América del Sur, Juan Salvado tenía muy poco pero daba mucho.

Su llamativa personalidad cautivaba a todas las personas que lo conocían. Aparte de saber escuchar, alimentaba las conversaciones, a las que daba respuesta con la cabeza y los ojos. Sospecho que en algún momento los seres humanos sabrán bastante sobre la conducta de los animales para darse cuenta de que son capaces de comunicarse, con nosotros y entre ellos, en un grado muy superior al que les atribuimos actualmente. Tal vez entonces este relato no parezca tan fantasioso. Creo que algún día podremos corroborar que muchos animales poseen la facultad de entender y procesar información, y experimentar emociones, de una manera mucho más refinada de lo que presupone la opinión actual.

Conozco a muchas personas que no aprenden tan deprisa como Juan Salvado. A mi modo de ver, su comprensión de que cuando lo limpiaba el primer día no pretendía hacerle daño, y el cambio brusco en su conducta, y su colaboración conmigo, solo pueden ser calificados de excepcionales.

A partir del primer día ya no dio muestras de miedo, ni a mí ni a ningún otro ser humano. Al contrario, nos adoraba. Siempre que oía el ruido y las voces de los alumnos que iban por el campus se ponía a correr por la terraza, impaciente por estar en su compañía. Cuando oía pasos en la escalera, se acercaba corriendo a la puerta para ver quién salía a la azotea. Lo que nunca hizo fue quedarse tras ella, porque entendía por instinto que le habrían dado un golpe.

Su conducta tenía muchos aspectos que yo no habría sabido explicar, como por ejemplo que nunca saliera al campo de rugby cuando jugaban los muchachos, o que no chocara por segunda vez con los lados de la piscina, pese a cruzarla a gran velocidad y detenerse a pocos milímetros. Tampoco sé explicar que supiera lo que le estaba permitido (lo que podía hacer sin peligro en el ámbito de los humanos) y lo que no. Cuando salía a pasear no se perdía nunca. Si nadaba en la piscina, salía con el último. Quizá el mayor misterio en su conducta, para mí, sea la obstinación con la que se negó a marcharse a nado después de la primera vez que lo limpié.

¿Se movía Juan Salvado por algo más que por tener el estómago vacío? Sin duda. Incluso cuando estaba lleno a reventar corría a recibir a las visitas que subían a la terraza. También él tenía una necesidad de compañía inherente a los pingüinos. Ahora bien, al margen de la compañía humana de la que estuviera disfrutando, cuando salía yo a la terraza siempre acudía a mí. Me elegía siempre a mí. Era a mi lado donde volvía. En muchos aspectos nuestra relación se parecía a la de un perro con su amo, ¡aunque estoy seguro de que Juan Salvado no habría reconocido que su papel fuera el del perro!

Juan Salvado no despertó solo diversión, sino bondad. Muchas veces, al verlo, mis colegas nos saludaban imitando su forma de caminar, para extrañeza de los autóctonos, que como es lógico, en materia de pingüinos, tenían una visión mucho más práctica. Me contaron los muchachos que el personal de mantenimiento me llamaba «el loco inglés», pero no era un apodo malintencionado, sino una manera de manifestar su diversión e incomprensión. No cabe duda de que a ellos nunca se les habría ocurrido llevarse un pingüino de una playa, ni entrometerse en el curso natural de las cosas. Muchos, al igual que los gauchos de las llanuras, y que los indios de los Andes, vivían en condiciones de gran dureza, sin margen para mantener a nadie. Hay quien describiría el deporte de matar vacas creado por los gauchos como sanguinario o cruel, y pondría en cuestión que me haya parecido una parte esencial de esta historia, pero seguro que no era tan cruel como la muerte y la miseria permanentes que se ha cobrado nuestra sociedad «civilizada», y que sigue infligiendo a individuos y especies enteras, con los vertidos de petróleo, por poner un ejemplo. Los gauchos solo mataban animales para comer.

¿Hay alguna posibilidad de que los mares del planeta sean capaces de sobrevivir al daño que sin verlo les estamos haciendo? De manera equivalente a como millones de Marías pagaron indirectamente, a través de la inflación, las casas hipotecadas de las clases medias de Buenos Aires, son los pingüinos y demás «descamisados» de la Naturaleza los que pagan el auténtico coste de nuestra manera de vivir, con la única moneda de la que disponen.

Desde que en 1962 Rachel Carson publicó su influyente *Primavera silenciosa*, el número total de seres humanos se ha multiplicado por más de dos. Al mismo tiempo ha declinado hasta en un 80 o 90 por ciento la población de una enorme cantidad de especies en todo el mundo, incluidos los pingüinos. Ahora se consideran «en peligro de extinción», y hay otras especies que ya se han extinguido. Las hipótesis relativas al colapso de la población de la isla de Pascua por culpa de la degradación que provocó en el entorno se ha postulado como modelo del colapso global maltusiano de toda nuestra especie.

Nuestra forma actual de vida es un ejemplo de la capacidad humana de desencadenar cambios drásticos en muy poco tiempo. Sin embargo, aunque sepamos que nuestro modus vivendi es insostenible, de momento nuestro modus operandi se ha mostrado incapaz de encontrar las medidas necesarias no ya para que se recuperen la fauna y la flora, sino para que se equilibren. Lo que parece innegable es que si las reservas de los «descamisados» del Banco de la Naturaleza se vuelven insolventes no habrá jamás bastante dinero para rescatarnos.

Pero la herencia perdurable de Juan Salvador no debería ser de desánimo, sino de esperanza. En vida trajo alegría y optimismo a muchas almas dominadas por la angustia y la aflicción, y las lecciones que aprendí de aquel pingüino incomparable que fue Juan Salvador han llenado mi existencia de luz.

Epílogo
En que un nuevo pingüino enseña una lección

Buscando fotos de Juan Salvado abrí unas cajas viejas que languidecían desde hacía varias décadas al fondo del garaje, con la etiqueta «Argentina — por clasificar». Casi todas mis fotos se habían perdido hacía años en una pequeña inundación doméstica, pero me pareció que había alguna posibilidad de que en las cajas apareciera alguna. De ahí mi estupefacción cuando encontré unos rollos de película casera que nunca había llegado a ver. Nunca. La verdad es que ni siquiera me acordaba de que los tuviera. Los había mandado a Inglaterra desde América del Sur, para su revelado, y mi madre los había guardado en espera de mi regreso. Sin embargo, al volver no tenía bastante dinero para comprarme un proyector, y solo lo tuve cuando el vídeo había sustituido al cine, de modo que ahí se quedaron sin ser vistos por nadie, mientras se borraban poco a poco de mi conciencia. Fue un momento de promesa y frustración. ¿En qué momento exacto había comprado la cámara de cine? Me devané los sesos. ¿Y si había filmado al pingüino? ¿Podía ser?

Buscando en internet encontré los servicios de un señor muy amable, jubilado, que vive en la costa, a poca distancia en coche de nuestra casa, y que al abrirme la puerta reveló un auténtico museo de equipos de grabación. Solo estrechos pasillos permitían circular entre las estanterías que iban desde el suelo al techo, repletas de todos los instrumentos concebibles que se hubieran inventado para inmortalizar imágenes y sonidos fugaces. Convivían lado a lado preciosos artilugios de caoba bruñido y latón con toscos armazones de metal erizados de discos y botones. Si el dueño se llenaba los pulmones, tenía el espacio justo para circular por su imperio.

—No existe ninguna grabación humana que no pueda convertir —se ufanó—, desde los jeroglíficos hasta el HD. ¡Esto es de 1896! —dijo acariciando un aparato.

En otras circunstancias me habría fascinado su contagioso entusiasmo, pero era un día especial.

Le di la colección de rollos, de tres minutos de duración cada uno, y quedamos en que volvería por la tarde. Me fui a mi casa y pasé una tarde incómoda con mi imaginación, de una manera bastante parecida a cuando no dejaban estar a los padres en el parto.

—¿Cómo son? —le pregunté al volver, haciendo grandes esfuerzos por contener mi emoción.

—Debería habérmelos traído hace años —comentó él, servicial—. Son un horror.

Se me cayó el alma al suelo.

—¿No se ve nada? —pregunté, temiendo lo peor.

—Tienen bastante grano, pero en general se ha conservado casi todo.

Me quedé sin aliento, mientras revivía mi entusiasmo. ¿Y si al final salía Juan Salvado?

—¿Aparece algún pingüino? —me atreví a decir con cautela, como si tuviera miedo de ahuyentarlos.

—¿Pingüino? Pingüinos no he visto, pero hay planos estupendos de leones marinos.

Mi decepción fue grande, aunque lo cierto es que ya estaba convencido de que la cámara de cine me la había comprado mucho después de la época del pingüino Juan Salvador.

En cuanto volví a casa, mi mujer y yo pusimos el DVD, y me sorprendió lo emocionante que era ver personas y lugares de hacía casi cuarenta años: montañas, lagos y desiertos, lamas, cóndores y leones marinos, desde el trópico a la punta de América del Sur, plasmados con todo color y detalle. Acudían a mis labios, sin vacilar, nombres olvidados de hacía medio mundo y media vida, y con ellos una inevitable marea de emociones.

Aun así fue un momento agridulce. La alegría de encontrar tantas cosas en las filmaciones hacía aún más dolorosa la pérdida de las fotos de Juan Salvado.

Por segunda vez en otros tantos días me había tomado la licencia de creer que mi compadre podía estar oculto en aquellos fotogramas olvidados, como si durmiera esperando el momento de volver de forma brusca a mi vida, pero a medida que el DVD se aproximaba inexorablemente a su final supe que me lo habían escamoteado para siempre. Me llenaron de frustración los momentos intrascendentes que parpadeaban ante nuestros ojos en la pantalla del televisor: un día de deporte en el colegio, una manada de llamas, una plaza con amigos que sonreían levantando vasos de cerveza y copas de vino, dilapidando segundos muy valiosos... Ni siquiera me consolaron los leones marinos.

Por muy placenteros que fuesen los valiosos recuerdos que acabábamos de ver, los habría cambiado todos con mucho gusto por un solo momento con Juan Salvado.

Y de repente...

—¡Mira! —exclamé, saltando del sillón para acercarme a la pantalla—. ¡Está aquí! ¡Al final sí que está aquí! ¡Mira, mira! ¡Por fin volvemos a vernos, querido amigo mío!

Estaba en una piscina, tal como lo recordaba. Por espacio de dos minutos y diecisiete segundos de gloria y de felicidad volvimos a estar juntos Juan Salvado y yo. Miramos en silencio hasta el final. No me atreví a decir nada. El pingüino no volvía a aparecer. ¿Cómo podía haber sido tan descuidado como para dejar tanto tiempo los rollos sin haberlos visto? Me había pasado años dibujando el pingüino de memoria, pero ahora por fin podía verse en realidad el Juan Salvador epónimo de tantas y tantas historias contadas en la cama por la familia Michell: las deliciosas sacudidas de cabeza, los aleteos y meneos de pompis que lo impulsaban por el agua de aquella piscina como un motor fueraborda, y que jamás habrían podido plasmar mis prosaicas palabras... Estaban inmortalizados, sí. Juan Salvado había estado siempre ahí, esperándome pacientemente.

Aquellas imágenes, llenas de parpadeos, superaban con mucho cualquier expectativa. Mostraban al pingüino en la piscina, pletórico de salud, con el sol reflejado en sus brillantes plumas blancas. (Bastó una muda para que no quedara rastro de alquitrán, ni del suplicio en la costa de Uruguay.) Y también se veía su comportamiento con los chicos. Después de nadar aparecía en el centro de un grupo de unos doce jóvenes de dieciocho años, cuyo foco de atención era aquella ave carismática que acicalaba su plumaje y se secaba al sol. Aunque en metros y centímetros fuera mucho más bajo que ellos, su estatura, en cualquier otra medida, alcanzaba la de todos.

Después de las revelaciones del DVD, lo primero que hice fue capturar el clip de vídeo y mandárselo por correo electrónico a mis hijos, ya que me pareció de especial importancia que lo viese el varón, residente en la India, casi tan lejos de casa como yo cuando había conocido a Juan Salvador. Lo segundo que hice fue buscar vuelos a Argentina.

Pasadas unas horas desde mi decisión de regresar, sentí euforia y el contacto de las ruedas del avión con la pista de aterrizaje de Buenos Aires. ¡Estaba otra vez en América del Sur! Mi estancia en el país durante la década de 1970 había representado una parte tan grande de la vida adulta de quien era entonces, y mis vivencias habían sido tan importantes y distintas a todo lo anterior, que me daba un poco de aprensión lo que pudiera reservarme el destino. En el momento de desembarcar sentí otra vez la suave caricia del aire caliente y seco, y respiré a fondo para prepararme para lo que vendría. Cuando mis pies tocaron el suelo, pedí mentalmente a este último que me aportase nuevas alegrías y satisfacciones. Si ensalzamos a los poetas es porque en momentos así dicen mejor las cosas que el resto, y soy del parecer de que posiblemente nadie plasme mejor la esencia de una aventura que Tolkien.

> *El Camino sigue y sigue*
> *desde la puerta.*
> *El Camino ha ido muy lejos,*
> *y si es posible he de seguirlo*
> *recorriéndolo con pie decidido*
> *hasta llegar a un camino más ancho*
> *donde se encuentran senderos y cursos.*
> *¿Y de ahí adónde iré? No podría decirlo.*

Esta vez, el nerviosismo que experimenté al hacer cola en el control de pasaportes no tenía ninguna lógica, pero era imposible no acordarse con viveza de cuando había intentado meter un pingüino de contrabando en el país, como era imposible no emocionarse. Sentí que me latía más deprisa el corazón. Mis primeras palabras con las autoridades fueron con un policía taciturno, pero cuando hablamos del motivo de mi viaje, y percibió la cantinela argentina de mi oxidado español, se mostró muy amable y hasta me deseó una buena estancia. Era casi como volver a casa.

Han cambiado muchas cosas, por supuesto. Los limpiabotas se han perdido en la noche de los tiempos. La ciudad está muy renovada, sobre todo en la zona del puerto, que ahora impresiona con sus edificios del siglo XXI y sus almacenes reconvertidos en bloques de oficinas y viviendas de lo más codiciado. Se han limpiado las tierras y aguas contaminadas, y ahora la zona se beneficia de una reserva natural. Sin embargo, durante mis paseos por las calles que tan bien recordaba tuve un ataque de nostalgia. Buenos Aires, ciudad fascinante desde siempre, con su ecléctica mezcla de arquitecturas inspiradas en todos los estilos europeos clásicos, que contrastan con las casas de chapa y colores estridentes de la Boca (la zona donde vivían antiguamente los inmigrantes más pobres), no ha perdido ni un ápice de su encanto ni de su trepidante energía.

Se hablaba mucho de política. Con las elecciones en el horizonte todo eran carteles de propaganda electoral. No me sorprendió ver que la gigantesca avenida Nueve de julio, la arteria de veinte carriles que atraviesa el corazón mismo de la capital, seguía dominada por las dos enormes e icónicas imágenes de Eva Perón que flanquean el antiguo edificio del Ministerio de Obras Públicas, con sus aires de fortaleza; una imagen, la de Eva hablando por la radio, que enlaza evocadoramente en quien la ve con la antena de radio que se eleva desde la azotea.

No hay quien dude del peso de aquella mujer excepcional en la historia de este gran país. Las imágenes parecen algo más que simples monumentos a su memoria. En los cientos de pequeños quioscos que venden golosinas, tabaco, prensa y revistas por todo Buenos Aires los pósters y postales de Evita ocupan un lugar destacado. Lo que me resulta mucho más difícil de valorar es su legado. Todas las personas a quienes se lo he preguntado me han dado distintas opiniones.

Tuve la gran satisfacción de descubrir que los vinos argentinos han mejorado enormemente, y que ahora pueden compararse con los mejores del mundo. Lo que no ha cambiado es la calidad de la comida argentina, tan maravillosa como la recordaba. A mi modo de ver sigue siendo posible comer mejor en este país que en cualquier otro lugar del mundo. Otro aspecto interesante es que vi a muy pocas personas con obesidad, lo cual también me dio que pensar.

Ahora el tráfico sigue ordenadamente las señales, y los peatones pueden cruzar sin miedo, pero gran parte de los trenes siguen siendo viejos, puramente utilitarios y carentes de cualquier comodidad. Con los billetes a un penique por kilómetro reviví la euforia de embarcarme de nuevo en una escapada de presupuesto mínimo, y sentí el anhelo de volver a hacer grandes viajes, así como la libertad de salir a la aventura, pero como tenía un tiempo limitado solo fui a los sitios de siempre, que aunque hubieran pasado varias décadas aún me resultaban conocidos. Oí de nuevo, y recordé con cariño, la música metálica, traqueteante, gemebunda y basculante de los trenes. Después de un corto viaje apareció a lo lejos la victoriana solidez de la estación de Quilmes, que tan bien conocía. Me pregunté cuántas veces me había apeado en ella. La congestión y el ajetreo que hay ahora en la ciudad me hicieron dudar de que pudiese encontrar el camino del internado, pero entonces se adueñó de mí una especie de automatismo que hizo que en menos de veinte minutos estuviera delante de la verja.

Mi visita a St. George me llevó por algunos de los nuevos y estupendos edificios, pero en lo esencial la escuela no ha cambiado. Me detuve un momento a mirar la terraza donde tanto tiempo había pasado, y me acordé de la mirada de Juan Salvado cuando le comenté que quería escribir un libro sobre él.

«Bueno, y ¿por qué has tardado tanto? —Fue como si le oyera preguntar—. Y otra cosa, amigo mío: ¿por qué has tardado todo este tiempo en volver?»

No fue a bordo de un tren, sino de un magnífico autobús de dos pisos (sin resto alguno de decoración personalizada, ni de amuletos) como me encontré saliendo de Buenos Aires por nuevas carreteras hacia San Clemente, localidad situada a unos trescientos kilómetros de la capital donde hay un centro de vida marina al que habían tenido la amabilidad de invitarme. De la penumbra surgió por fin el sol, que al asomarse cegador en el horizonte, dando inicio a un nuevo día, proyectó sombras de infinita longitud por la perfecta horizontalidad del paisaje, quintaesencia de la Pampa. No me estaba deparada esta vez la moto de mi juventud, aunque miraba con envidia, y hasta con deseo, los muchos vehículos de dos ruedas que vi.

En solo cinco horas me encontré en el parque, que me mostró Andrea, nieta del fundador del centro, David Méndez.

Me enteré de que en la misma época en que yo había encontrado a Juan Salvado en Uruguay, David Méndez, dueño jubilado de un camping de playa, se había encontrado con varios pingüinos destrozados por la misma causa, el petróleo, y al igual que yo había intentado salvar a unos cuantos lavándolos en su casa, con éxito considerable.

Corrió por el pueblo la noticia de que David había conseguido devolver pingüinos al mar, y a medida que le llevaban más aves enfermas para que las curase, o que le comunicaban su paradero, fue creciendo el proyecto. Acto seguido la labor del incansable jubilado se extendió a los leones marinos y los delfines afectados también por el petróleo y la contaminación de las aguas de la zona. Pronto la gente quiso verlo con sus propios ojos, y respaldar la iniciativa, así que en 1979 se creó Mundo Marino, comprando una parcela de unas cuarenta hectáreas. Actualmente posee el mayor acuario de agua salada del hemisferio sur. En aquel entonces, como es natural, yo no podría haber descubierto la labor temprana de David en San Clemente, que aún se limitaba a su propio domicilio, del mismo modo que tampoco a David Méndez le habría sido posible enterarse del rescate de Juan Salvado.

Desde entonces el personal de Mundo Marino se ha hecho experto en rescatar animales marinos de la contaminación que deplorable e inexcusablemente sigue haciendo estragos en la fauna marina de todo el planeta. Después de casi cuarenta años de compromiso con aquella labor, los más veteranos gozan de reconocimiento mundial como autoridades en la rehabilitación de animales dañados por desastres medioambientales, y están preparados para responder a cualquier hora y en cualquier lugar a las peticiones de ayuda que reciben. Desde 1987, que es cuando empieza su registro, han sido rescatados más de dos mil quinientos pingüinos, tres cuartas partes de los cuales, aproximadamente, eran víctimas de la contaminación por petróleo.

Me colmó de alegría tener el privilegio de entrar en el recinto de los pingüinos. Bajo una enorme cubierta había, calculo, un centenar de pingüinos de Magallanes cuya conducta era idéntica a la que recordaba haber visto en los páramos de Punta Tombo. Disfruté del momento. Si el zoo de Buenos Aires hubiera dispuesto de unas instalaciones comparables, no me cabe duda de que les habría confiado a Juan Salvado.

Me dieron un cubo de pescado y la oportunidad de dar de comer a los pingüinos, que como es obvio no desaproveché. Cuántos años habían pasado desde la última vez que había alimentado a un pingüino, mi pingüino… El nudo en mi garganta era imposible de ignorar. Los peces eran bastante mayores que los espadines que compraba en el mercado de Quilmes. Aun así hice lo mismo que con Juan Salvado: tomar uno por la cola y acercárselo con prudencia al pingüino que estaba más cerca de mí. Me pareció que no sabía qué hacer. Uno de los cuidadores me enseñó una técnica consistente en aplicar la palma de la mano a la cabeza del pingüino y poner juntos el pulgar y el índice debajo de su pico. Así, con los ojos vendados, el animal empezó a abrir y cerrar el pico en busca de comida, y se tragó el pescado que le daban. Me intrigó. Como método era mucho más engorroso y llevaba mucho más tiempo que el que habíamos usado con Juan Salvado, tan sencillo y obvio. Pregunté por qué lo habían implantado.

Mientras el cuidador me explicaba con pelos y señales que a los recién llegados había que darles de comer a la fuerza (lo mismo que había descubierto yo con Juan Salvado) hasta que se acostumbrasen a comer en el agua, me distraje, y de repente me llamó la atención un pingüino que destacaba entre la multitud de aves monocromas. Con sus cejas opulentas y excesivas, y sus ojos y su pico anaranjados, aquel único pingüino saltarrocas no habría podido jamás ser anónimo entre sus compañeros. De repente, sin que adivinara yo por qué, el pequeño pájaro empezó a abrirse paso por la muchedumbre de pingüinos, directamente hacia mis pies, como si tuviera algo importantísimo que hacer, y una vez llegado saltó sobre una piedra grande, situada en lugar muy oportuno, y me lanzó una mirada suplicante que decía: «Por favor, ¿me rascas la barriga?». Como es lógico correspondí con mucho gusto, y me agaché para frotarle suavemente el pecho. Sus sensaciones, naturalmente, fueron idénticas a las de Juan Salvado, así como su reacción, que consistió en apretarse contra mis dedos y mirarme a los ojos.

En respuesta a mi pregunta me explicaron que era el único saltarrocas de un grupo de aves rescatadas, y que aunque ya se hubiera recuperado del todo no podían soltarlo hasta que hubiera otro saltarrocas rehabilitado y listo para su puesta en libertad.

—Los pingüinos no se pueden soltar solos —explicó el cuidador—. En eso son como los leones marinos. Sin otro de su misma especie no se van. No se marchan.

¡Qué revelación! Bruscamente, después de tantos años preguntándome por qué Juan Salvado se había negado con tanta persistencia a separarse de mí en aquella playa de Punta del Este, tuve la impresión de que por fin tenía una respuesta satisfactoria. ¡Qué alivio! Más que con las plumas mojadas, había tenido que ver con la psicología básica de los pingüinos. Se formó en mi cara una sonrisa gigantesca. Finalmente encontraba un poco de tranquilidad. Acababa de encajar la última pieza del puzle. ¡Qué coincidencia! De no haber estado ahí aquel saltarrocas, de no haberse cruzado nuestros caminos, es posible que nunca hubiera encontrado la última pieza del rompecabezas. Pero qué triste para él... Aquel pingüino estaba prisionero, no de la cerca, sino de su propia naturaleza y sus propios instintos, hasta que algún nuevo desastre trajese a Mundo Marino otro saltarrocas herido o contaminado.

Desde los tiempos de mi compadre Juan Salvado albergaba la firme convicción de que los pingüinos de Magallanes son los más apuestos y distinguidos de la orden biológica *Spheniscidae*, mientras que los saltarrocas, con sus peinados puntiagudos y sus tocados absurdos, ostentosos y teatrales, son los garbanzos negros de la familia, los representantes de su lado bohemio, gamberro y de mala reputación, pero al acariciar a aquel pequeño pájaro descubrí (como tantas veces, para qué negarlo) que mis prejuicios no se basaban en nada más sólido que las apariencias. Mientras el pequeño pingüino saltarrocas se apretaba contra mi mano, me observó primero con un ojo y después con el otro, igual que Juan Salvado, y yo lo observé con la misma atención: sus patas cubiertas de plumas, su exquisito plumaje, sus ojos como límpidas piscinas de ámbar, de una profundidad insondable… Quedé completamente fascinado por aquel animal tan bello y seductor.

Y en ese momento supe con certeza, sin el menor asomo de duda, que con viento favorable y una bolsa de red me habría embarcado a la menor ocasión, sin vacilar, en otra aventura sudamericana. ¡Con un pingüino!

Agradecimientos

Estoy en deuda con muchas personas por haberme apoyado, animado y ayudado a contar la historia de Juan Salvador, el pingüino. A Jessica Leeke, de Penguin Random House, que no ha cejado ni un momento de luchar por la causa; a Laura Warner, que nos «encontró», y a Karen Whitlock, mi correctora. Estoy enormemente agradecido por todo lo que han hecho estas tres profesionales tan cualificadas y entregadas. También estoy en deuda con Mike Tate, antiguo colaborador del *Times*, hombre de letras y fiel amigo; con mi madre, que con tanto cuidado archivó lo que enviaba a casa, pero en especial con mis maravillosos esposa e hijos, sin los cuales nunca habría cogido la pluma. Gracias.